DON
BOSCO

Für meine Patenkinder
Amelie, Jule Iara und Ann-Christin

Jedes Wort, das ein Kind nicht kennt,
ist ein Gedanke, den es nicht denken kann.

Wolfgang Maier

Antje Suhr

Sätze rollen – Wörter fliegen

Bewegte Sprachförderung in Kita und Grundschule

DON BOSCO

Gerne nehmen wir Ihre Anregungen, Wünsche, Kritik oder Fragen entgegen:
Don Bosco Medien GmbH, Sieboldstraße 11, 81669 München
anregungen@donbosco-medien.de
Servicetelefon: (0 89) 4 80 08-341

Bibliografische Information der Deutschen Nationalbibliothek

Die Deutsche Nationalbibliothek verzeichnet diese Publikation in der Deutschen Nationalbibliografie; detaillierte bibliografische Daten sind im Internet über http://dnb.d-nb.de abrufbar.

10. Auflage 2021 / ISBN 978-3-7698-1704-1

www.donbosco-medien.de
Umschlag: ReclameBüro, München
Umschlagillustration: Petra Lefin
Fotos Innenteil: Roger Kautz, www.foto-kautz.de
Lektorat: UNGER-KUNZ. Lektorat & Redaktionsbüro, Undorf
Notensatz: Nikolaus Veeser, Schallstadt
Produktion: BoD – Books on Demand, Norderstedt

Gedruckt auf umweltfreundlichem Papier

Inhalt

Vorwort

Was hat Bewegung mit Sprache zu tun? Stellen Sie sich doch einmal vor, Sie sollten einen anderen Menschen begrüßen, ohne sich dabei zu bewegen. Ganz schnell werden Sie feststellen, dass dies nicht möglich ist, denn sobald Sie nur ein kleines Lächeln erzeugen, sind viele Gesichtsmuskeln in Aktion.

Überlegen Sie weiterhin einmal, wie ein Kind Begriffe erlernt. Auch hier spielt Bewegung eine große Rolle. Die aktuelle Säuglingsforschung zeigt in vielen Experimenten, dass die Aufmerksamkeit von Babys in erster Linie geweckt wird, wenn die Menschen und Objekte, die sich in ihrem Umfeld befinden, in Bewegung sind (Gopnik u.a., 2005). Ein kleines Kind möchte alles, was ihm als interessant erscheint, mit all seinen Sinnen kennenlernen. Es erschließt sich seine kleine Welt, indem es nach Gegenständen greift, sie begreift und erst mithilfe eines sprachlichen Vorbilds den passenden Begriff zu diesem Gegenstand genannt bekommt. Um Gegenstände „begreifen“ zu können, bewegt sich das Kind demnach sowohl fein- wie auch grobmotorisch.

„Bewegung ist nicht nur unerlässlich für die körperliche, sondern auch für die kognitive Entwicklung; sie fördert die Lernbereitschaft, die Lernfähigkeit und das psychosoziale Wohlbefinden. Mit ihren

Bewegungen begreifen, erobern und erweitern Kinder ihre Welt und erwerben Selbstkontrolle und Selbstachtung“ (Kurz u. a., 2003).
Aus Ergebnissen vieler wissenschaftlicher Untersuchungen geht hervor, dass viele Kinder mit Sprachauffälligkeiten kämpfen. Heute spricht man im Allgemeinen von 15 bis 30 % der Kinder, die deutlich unterdurchschnittliche Sprachentwicklungen aufweisen, darunter 5 bis 8 %, die sogar als sehr risikobehaftet beschrieben werden (Fried, 2006). „Bei ihnen besteht Gefahr, dass sich eine Sprachentwicklungsstörung manifestiert.“ (persönliche Mitteilung von Prof. Dr. Lilian Fried an die Autorin vom März 2008).
Untersuchungen zur motorischen Leistungsfähigkeit von Kindern geben ebenfalls Anlass zur Sorge. Was den Prozentanteil bewegungsauffälliger Kinder betrifft, so gibt es – bedingt durch verschiedenste Untersuchungen – auch hier wieder unterschiedliche Angaben: Der Prozentsatz der förderungswürdigen Kinder reicht, je nach Studie, im Mittel von 26 % (Bös, nach Aussage von Kiphard/Schilling) bis zu durchschnittlich 40 % (Dordel, 1997).

Bedingt durch solche und andere wissenschaftliche Untersuchungsergebnisse (allen voran die PISA- und OECD-Studien) setzte im Jahr 2002 eine bundesweite Reformdiskussion ein. Besondere Schwerpunkte in der Bildungspolitik wurden beschlossen, wobei die „Verbesserung der Sprachkompetenz bereits im vorschulischen Bereich“ an erster Stelle genannt wird (Bundesministerium für Bildung und Forschung, 2002). In die Bildungsvereinbarungen aller Bundesländer wurden im Anschluss sowohl die Sprachförderung als auch die Bewegungserziehung als wesentliche Bestandteile aufgenommen.

Die Idee der bewegten Sprachförderung ist durch und in der bewegten Arbeit mit Kindern in Kindergarten und Grundschule entstanden. Dank hirnwissenschaftlicher Untersuchungsergebnisse ist bekannt, dass die meisten Kinder optimal und am nachhaltigsten lernen können, wenn sie sich mit Spaß und Bewegung einer Aufgabe zuwenden. Neben kognitiven Lerninhalten, wie Farben, Formen, Zahlen und Buchstaben (siehe Suhr, 2006), habe ich im bewegten Alltag Spiele entwickelt, erweitert und ausprobiert, die die kindliche Sprachentwicklung unterstützen und fördern. Das damit keine Sprachtherapie ersetzt werden kann, steht außer Frage, soll aber unbedingt an dieser Stelle angemerkt werden. Alle benötigten Materialien für die Bewegungsspiele dieses Buches sind meist in den Einrichtungen vorhanden, können selbst hergestellt oder kostengünstig erworben werden.

Auf dass Sie dieses Buch mit Interesse lesen, der bewegte Funke zu Ihnen überspringt, Sie viele Spiele mit Spaß ausprobieren und im wahrsten Sinne des Wortes etwas „bewegen“ werden.

Auf eine bewegte, sprachanregende Zeit!

Kontakt:
Antje Suhr
Waterfohrplatz 14
45139 Essen
Tel.: 0201/270240
sprungas@aol.com
www.sprung-as.de

Wie Kinder Sprache lernen

Die Sprache ist unser wichtigstes und wertvollstes Werkzeug im Umgang mit anderen Menschen. Trotz ihrer enormen Komplexität und Vielschichtigkeit lernen sie gesunde Kinder ganz spielerisch wie von allein, wenn sie in einem Umfeld aufwachsen, das die dafür wesentlichen Voraussetzungen mit sich bringt. Um alle Faktoren der Sprachentwicklung praktisch zu verdeutlichen, soll im Folgenden der Sprachentwicklungsbaum von Prof. Dr. Wendlandt vorgestellt werden, der die Entwicklung der Sprache sehr anschaulich mit derjenigen eines Baumes vergleicht. Da sich die bewegte Sprachförderung in weiten Teilen auf die Sprachentwicklungsbereiche nach Prof. Wendtland stützt, möchte ich daneben aber auch die Möglichkeiten der bewegten Sprachförderung zur Unterstützung der Sprachentwicklung herausstellen.

Die angeborene Fähigkeit der Kinder zur Sprachentwicklung lässt sich, um im Bild des Sprachentwicklungsbaums zu bleiben, am besten als Samen des Baums beschreiben. Den Nährboden für diesen Samen bilden die Lebensumwelt, die Kultur und die Gesellschaft, in die ein Kind hineingeboren wird. In einem intakten Nährboden können viele unterschiedliche Wurzeln Platz finden, die Vorläuferfähigkeiten zum Spracherwerb. Hierzu gehören das Schreien und Lallen, die akustische, optische und taktile Sinneswahrnehmung, die Fein-

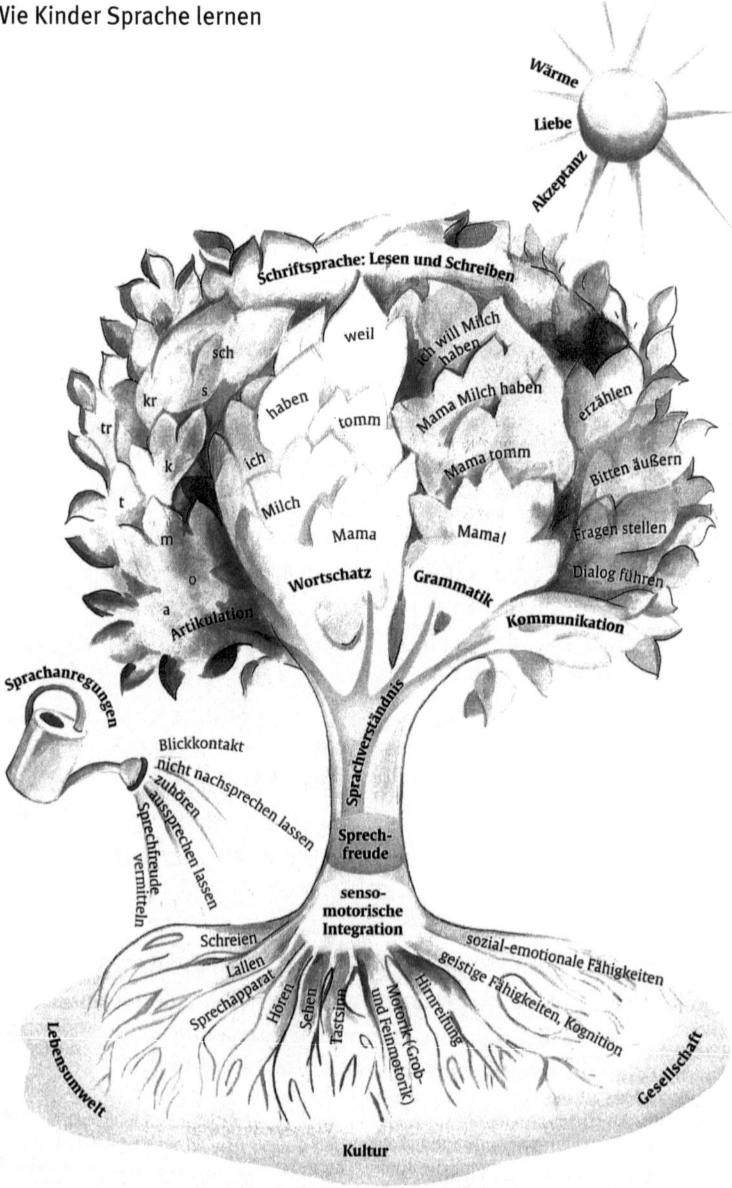

Sprachentwicklungsbaum nach Prof. Wendlandt (aus: Wendlandt, 2006, S. 11)

und Grobmotorik, die sozioemotionale und die geistige Entwicklung sowie die Hirnreifung. Sobald eine der genannten Vorläuferfähigkeiten schwächer ausgebildet ist oder gänzlich fehlt, läuft die Sprachentwicklung verzögert, kann aber dennoch ohne Weiteres das gleiche Ziel erreichen, nämlich eine perfekte Sprachausführung. Blinde Kinder zeigen z. B. keine altersgemäße Sprachentwicklung, weil sie die Mundbewegungen ihrer Bezugspersonen nicht sehen und somit auch nicht imitieren können. Eine Schwerhörigkeit kann bei Kindern ab ca. sechs Monaten schon im Alltag erkannt werden (diagnostisch schon ab der Geburt), da schwerhörige Kinder mit Beginn der 2. Lallphase plötzlich aufhören zu lallen. Ab diesem Zeitpunkt benötigen sie das Sich-selbst-Hören und das Hören anderer Menschen für die weitere Entwicklung ihrer Sprache.

Im Rahmen von Bewegungsspielen können die meisten Vorläuferfähigkeiten (mit Ausnahme der Hirnreifung, da diese anatomisch bedingt ist) praktisch und effektiv gefördert werden. Kinder lernen mit allen Sinnen ihre Lebens- und Sprachwelt kennen.

Bei bewegten Spielen zur *akustischen Wahrnehmung* verbessern Kinder das Richtungshören, das Lauschen und das punktuelle Herausfiltern wichtiger Inhalte trotz einer störenden Geräuschkulisse. In diesem Zusammenhang sei kurz der Begriff „phonologische Bewusstheit“ erklärt, unter dem man die Fähigkeit versteht, Worte sowohl in kleinere phonologische Einheiten (Silben und Laute) aufgliedern zu können, als auch daraus wieder Worte zusammensetzen zu können. Es ist wissenschaftlich bewiesen, dass die Förderung der phonologischen Bewusstheit positive Auswirkungen auf einen erfolgreichen Schriftspracherwerb in der Schule hat (vgl. hierzu Schneider/Näslund, 1993 sowie Küspert, 1998 und Schneider/Roth/Küspert, 1999; s. auch Laier (www.phonologische-bewusstheit.de), 2008). Die phonologische Bewusstheit lässt sich optimal durch bewegte Spiele zur akustischen Sinneswahrnehmung, durch Spiele zum Erlernen von Silben und Reimen und durch Lautspiele fördern (siehe hierzu die Kapitel „Super-Ohren unterwegs. Bewegte Spiele zur akustischen Sinneswahrnehmung“, „Wenns kracht und scheppert! Bewegte Spiele zur Rhythmikschulung“ und „Mundakrobaten. Spiele zur Förderung von Artikulation und Mundmotorik“ in diesem Buch).

Die *visuelle Sinneswahrnehmung* ist Voraussetzung für eine altersgemäße Sprachentwicklung, da das Kind durch Beobachtung die Mundbewegungen nachahmen kann, welche die Bezugsperson bei der Artikulation macht. Bewegte Spiele zur optischen Wahrnehmung fördern das genaue Beobachten, das gezielte Verfolgen mit den Augen und das Wiedererkennen von Gegenständen. Sie tragen somit neben der Nachahmung des Mundbildes zur Erweiterung des Wortschatzes bei.

Dass sich die Sprache vom Greifen über das Begreifen zum Begriff entwickelt, ist unumstritten. Weiterhin weiß man, dass Fußsohle, Hand und Mund sich aus dem gleichen Keimblatt entwickeln und somit ein Zusammenhang zwischen der taktilen Förderung von Kindern und einer verbesserten Mundmotorik besteht. Bewegungsspiele zur *taktilen Wahrnehmung* ermöglichen Kindern sowohl umfangreiche Erfahrungen mit vielfältigen Gegenständen und Eigenschaften als auch eigene Körpererfahrungen. So lernen sie sich selbst und die dingliche Umwelt begreifend kennen. Werden Situationen von Eltern oder Pädagogen sprachlich begleitet, dann lernen Kinder ihre bewegte Welt umfangreich begrifflich kennen.

Die *Grob- und Feinmotorik* als wesentliche Voraussetzungen, um die Mit- und Umwelt mit allen Sinnen kennenzulernen, werden bei Bewegungsspielen immer gefördert. Dabei sollten die Aufgaben so vielfältig gestellt werden, dass möglichst viele Bewegungsmuster körperlich und sprachlich verinnerlicht werden. Die Bewegungsformen „Gehen“ und „Laufen“ besitzen enorm viele Variationen (also z. B. das Schleichen, Stolzieren, Trippeln, Rennen, Rasen, Rückwärtslaufen usw.), die z. B. bei Musikstoppspielen gut zum Einsatz kommen können. Die Feinmotorik wird vor allem bei taktilen Spielen sowie bei Atem-, Artikulations- und Mundmotorikspielen gefördert. Kinder, deren Hände stimuliert werden, beginnen früher mit dem Lallen und zeigen eine verbesserte Mundmotorik.

Kinder, die in Kindergarten und Grundschule an bewegten Spielen teilnehmen, lernen dabei zwangsläufig auch, sich an Regeln zu halten, die das Zusammenspiel einer Gruppe möglich machen. Neben Spiel- und Verhaltensregeln werden so Frustrationstoleranz, Ehrgeiz und Motivation als wichtige Bereiche der *sozialemotionalen Entwicklung* geübt und gelernt.

Auch die *kognitive Entwicklung* wird durch bewegte Spiele nachhaltig unterstützt, da Kinder im bewegten Umgang mit neuen Situationen und Gegenständen (Bälle, Tücher, Roller etc.) permanent neue Sachverhalte und Zusammenhänge begreifen und lernen.

Um aus den Wurzeln eines Baums den Stamm entstehen zu lassen, müssen sich die Wurzeln miteinander vereinen. Wenn man dieses Bild auf die Sprachentwicklung überträgt, dann heißt dies, dass alle Vorläuferfähigkeiten im Gehirn miteinander verknüpft werden. Man spricht von der „sensomotorischen Integration“, die Sinne und Motorik vereint. Nun entsteht der Stamm unseres Sprachentwicklungsbaums, der aber nur dann wachsen wird, wenn die Pflanze genügend Wasser bekommt, also mit der Gießkanne gegossen wird. Die „Gießkanne“ in diesem Bild stellt dabei die *Sprachanregung* dar. Im bewegten Sprachalltag mit Kindern steht hier der Spaß am bewegten Handeln und die in diesem Zusammenhang sprachanregende Unterstützung von Eltern und Pädagogen im Vordergrund.

Neben der Sprachanregung hat die *menschliche Zuneigung* (Liebe, Wärme, Akzeptanz – hier im Bild des Sprachentwicklungsbaumes als Sonne dargestellt) einen ganz zentralen Platz. Menschen, die sich Kindern liebevoll zuwenden, sind bekanntlich die „beste Sonne" im Rahmen der gesamten kindlichen Entwicklung.

Im Zusammenhang mit der erwähnten „Sprachanregungs-Gießkanne" gibt es viele methodische Tipps zum Umgang mit Kleinkindern, die Eltern und Pädagogen möglichst im Alltag umsetzen sollten. Und diese Tipps sind zweifelsohne nicht nur für den Umgang mit Kindern, sondern auch mit allen anderen Kommunikationspartnern hilfreich. Trotz unserer schnelllebigen Zeit und dem gestressten Alltagsleben sollten wir es wieder lernen, uns zuzuhören. Wir sollten möglichst allen die Möglichkeit geben auszusprechen und wir sollten bei Gesprächen den Blickkontakt zu unserem Gegenüber halten. Weiterhin sollten wir Erwachsenen es den Kindern ersparen, verbesserte, richtig ausgesprochene Laute, Wörter oder Sätze nachsprechen zu müssen. Kinder, die ihre Aussprachefehler immer wieder vor anderen verbessern müssen, umgehen diese für sie schwierigen Wörter erfahrungsgemäß eines Tages. Wer will schon ständig auf Fehler hingewiesen werden! Erwachsene sollten deshalb im Umgang mit fehlerhafter Aussprache lieber das „korrektive Feedback" anwenden, also eine positive und verbesserte Wiederholung. Diese methodischen Tipps lassen sich im bewegten Alltag durch Spielsituationen umsetzen, bei denen Kinder ungezwungen und offen zur Sprache motiviert werden.
Wird ein gesundes Kind in einem geborgenen und liebevollen Um--feld groß, so wird es sehr bald eine rege *Sprechfreude* entwickeln. Vieles von dem, was das Kind im ersten Lebensjahr an Lall-, Gurr-

und Lautgeräuschen von sich gibt, werden die stolzen Eltern in der Regel freudestrahlend wiederholen und das Kind somit darin bestärken, weiter mit seinem Sprachwerkzeug zu experimentieren: Auf diese Weise entsteht die erste verbale Kommunikation zwischen Eltern und Kind.

Schon lange, bevor das Kind seine ersten Worte spricht, entwickelt sich sein *Sprachverständnis*. Es versteht seine Bezugspersonen sehr wohl, wenn diese „wir gehen spazieren" sagen und kann auch schon kleine Aufgaben, wie z. B. „hol mir einmal den Ball", gut lösen.
Erst, nachdem sich die Wurzeln gebildet und vereint haben und durch Sprachanregung und Zuneigung Sprachfreude und Sprachverständnis entstanden sind, entwickelt sich dann die Krone des Sprachentwicklungsbaums, also die ausgebildete Sprache. In ihr finden wir die Bereiche „Artikulation", „Wortschatz", „Grammatik" und „Kom-

munikation". Jeder dieser Bereiche entwickelt sich vom Einfachen zum Schweren.

Die *Artikulation* (von lat. articulare = deutlich aussprechen) beschreibt den motorischen Vorgang des Sprechens von Lauten und Wörtern. Dabei müssen zeitgleich bis zu 200 Muskeln koordiniert werden. Bewegte Spiele zur Artikulation und Mundmotorik (d. h. zur Förderung der Bewegungsfähigkeit von Lippen und Zunge) bereiten Kindern meist viel Spaß, Erwachsene hingegen halten sich dabei oft etwas zurück, weil das bewusste Artikulieren von Lauten und Wörtern manchmal etwas gewöhnungsbedürftig aussieht. Begeisterte und „artikulativ-mundmotorisch" geförderte Kinder werden es Ihnen danken, wenn Sie in dieser Beziehung hin und wieder einmal über ihren Schatten springen.

Unser *Wortschatz* gliedert sich in den passiven und den aktiven Wortschatz. Im passiven Wortschatz befinden sich alle Wörter und Begriffe, die wir kennen. Er wird lange vor dem aktiven Wortschatz mit vielen Wörtern gefüllt und ist wesentlich größer als dieser. Der aktive Wortschatz umfasst hingegen diejenigen Wörter, die wir immer wieder benutzen. Bei allen Sprachförderprogrammen sollte neben dem passiven vor allem der aktive Wortschatz erweitert werden. Nur so lernen Kinder, sich vielfältig, facettenreich und fantasievoll zu äußern. Wenn Kinder mit allen Sinnen und bewegt Kontakt zu neuen Begriffen bekommen, werden sie diese mit Leichtigkeit in ihren passiven und – vorausgesetzt, man wiederholt diese Wörter spielerisch – auch in ihren aktiven Wortschatz aufnehmen.
Die deutsche *Grammatik* hat es wirklich in sich, und wer sie nicht schon als Kind lernt, hat mit ihr später oft so seine Mühen. Kleine Kinder erlernen ihre Muttersprache mit einer unglaublichen Ge--schwindigkeit. Gisela Szagun erklärt dieses Phänomen in der Tradition von Chomsky damit, dass jedes Kind mit einem angeborenen

System zur Spracherkennung ausgestattet ist, also mit einer Art „innerer Grammatik" (Szagun, 2007). Motivierte ältere Deutschlerner sitzen nicht selten angestrengt und mit rauchenden Köpfen über den Büchern der deutschen Grammatik, die in weiten Teilen unangenehm schwierig ist.
Bei Kindern, die Deutsch als Zweitsprache lernen, entwickeln sich die Grammatikkenntnisse ebenfalls ganz spielerisch, vorausgesetzt, sie haben zunächst ihre Muttersprache richtig gelernt und haben gute Deutsch sprechende Vorbilder, die ihnen im direkten Gespräch, beim Singen oder beim Vorlesen immer wieder die richtigen Artikel, Fälle oder Zeiten präsentieren.
Die Bewegungsideen in diesem Buch werden zeigen, dass grammatikalische Förderung und Unterstützung im Bewegungsraum sehr spielerisch und effektiv umgesetzt werden können.

Nur durch die *Kommunikation* mit anderen Menschen lernen Kinder, Dialoge zu führen, Fragen zu stellen, Bitten zu äußern und Geschichten zu erzählen. Dem Bereich „Kommunikation" habe ich bewusst kein eigenes Kapitel gewidmet, da die Kommunikation bei den meisten der hier beschriebenen Spiele sowieso ganz automatisch mitgefördert wird.

An der Spitze des Sprachentwicklungsbaums von Prof. Wendlandt – sozusagen als dessen Blätterdach – befindet sich die *Schriftsprache*, die bekanntlich nur dann problemlos erworben werden kann, wenn sich alle anderen Bereiche der Sprache optimal entwickelt haben.

Die einzelnen Kapitel dieses Buches sind den gerade vorgestellten Bereichen des Sprachentwicklungsbaums zugeordnet. Zusätzlich habe ich ein Kapitel mit dem Schwerpunkt *„bewusste Atmung"* und ein Kapitel zur *Rhythmikschulung* eingefügt. Rhythmik ist die

Voraussetzung für die Sprachmelodie von Wörtern und Sätzen. Da sich der Bewegungsrhythmus und der Sprachrhythmus gegenseitig in ihrer Entwicklung unterstützen, lassen sie sich durch Bewegungsspiele mit oder auch ohne Material fördern. Das wertvollste und zugleich preiswerteste Instrument zur Rhythmikschulung stellt der eigene Körper dar, der bei den Spielideen im entsprechenden Kapitel dieses Buches häufig genutzt wird.
Auch die Atmung ist ursprünglich nicht Bestandteil des Sprachentwicklungsbaums von Wendlandt. Da sie aber die Voraussetzung für eine gute Phonation, Lautierung und Artikulation ist und auf spielerisch bewegte Weise gut gefördert werden kann, ist auch ihr, wie gesagt, ein eigenes Kapitel gewidmet.

In einem lebendigen Kindergarten- und Grundschulalltag, in dem Kinder angenommen, wahrgenommen und ernst genommen werden, in dem Erwachsene ihnen zuhören und ihnen Zeit zum Reden und zum Bewegen geben, findet täglich eine optimale Sprachförderung statt. Unser Motto sollte also lauten:

Bewegen wir etwas!

Super-Ohren unterwegs

Bewegte Spiele zur akustischen Sinneswahrnehmung

Die Klopfprobe und das Klopforchester

Bei diesem Spiel lernen die Kinder den Klang verschiedener Materialien kennen, indem sie möglichst viele Gegenstände im Raum „beklopfen". Dies können Wände, Heizungen, Fenster und Türen, aber auch Dosen, Verpackungen, Spiele usw. sein. Nach einer Weile darf sich dann jedes Kind zu seinem neu von ihm gefundenen Lieblingsklang stellen und diesen den anderen vorspielen. Die Spielleitung bildet daraufhin mithilfe der Kinder Gruppen von Klängen, die sich gleich oder ähnlich anhören. Zum Schluss beginnt ein großes Klopforchester, bei dem die verschiedenen Klanggruppen ihr Können alleine oder auch zusammen laut und leise an ihren Klopfinstrumenten präsentieren!

Der Zauber-Kassettenrekorder

Material:
Ein Heulrohr pro Kinderpaar

Zunächst bilden die Kinder Paare, wobei das eine Kind die Rolle des Kassettenrekorders übernimmt, während das andere den Aufnahmeleiter spielt. Jedes Kinderpaar erhält ein Heulrohr. Da selbst Zauber-Kassettenrekorder keine Augen haben, schließt das „Kassettenrekorderkind“ die Augen (ggf. Augenbinde benutzen oder ein Tuch über den Kopf legen, damit die Sicht eingeschränkt ist). Dieses Kind wird nun vom Aufnahmeleiter vorsichtig durch den Raum geführt. Sobald der Aufnahmeleiter ein Geräusch aufnehmen möchte, drückt er auf den vorher vereinbarten Aufnahmeknopf (z. B. die rechte Schulter seines Spielpartners), hält das Heulrohr nah an das von ihm ausgewählte Material und klopft, reibt, kratzt oder tippt darauf herum. Um zu testen, ob die „Aufnahme“ reibungslos funktioniert hat, soll der „Kassettenrekorder“ dieses Geräusch dann möglichst identisch nachahmen.

Variation:

Haben die Kinder Erfahrung mit diesem Spiel gesammelt, dann können auch mehrere Geräusche unmittelbar nacheinander aufgenommen werden, die das Kassettenrekorderkind im Anschluss daran in der richtigen Reihenfolge wiederzugeben versucht.

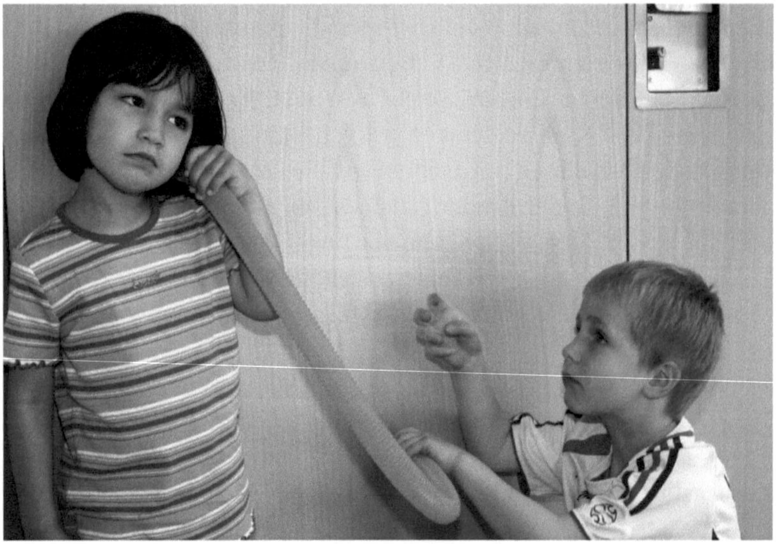

Die große Tierparade

Material: Bewegungsmusik

Jedes Kind denkt sich ein Tier aus, das es verbal darstellen möchte. Dann bewegen sich alle Kinder zur Musik durch den Raum und stellen pantomimisch ihr Tier dar. Wenn die Musik stoppt, werden von allen die jeweils dazugehörigen Tiergeräusche nachgeahmt. Gleichzeitig versuchen die Kinder, „Verwandte" zu finden, also diejenigen Mitspieler, welche dieselben Geräusche bzw. Laute machen wie sie selbst, und bilden mit ihnen Gruppen. Während einer kurzen Ruhephase wird überprüft, ob wirklich die gleichen Tiere eine Gruppe gebildet haben, und zwar dadurch, dass jedes Kind sein Tier vorstellt. Dann startet die Musik erneut, und die Kinder überlegen sich neue Tiere, die sie jetzt darstellen.

Variationen:
Die Kinder versuchen sich Tiere auszudenken, die nach Möglichkeit kein anderes Kind in der Gruppe nachahmt (also am besten seltene Tiere). Eine weitere Variationsmöglichkeit ist es, wenn die Kinder bewusst sehr bekannte Tiere auswählen, um dadurch möglichst große Familien bilden zu können!

Nebelhornalarm in Rostock

Die mitspielenden Kinder werden zunächst in zwei Gruppen eingeteilt. Die Kinder der einen Gruppe übernehmen die Rolle der Schiffe. Sie stellen sich an eine Wand des Raumes und schließen die Augen. Die Kinder der anderen Gruppe verteilen sich im Raum, sie spielen die Nebelhörner und machen leise Hupgeräusche („Huuuup"). Nun wird kurz folgende Geschichte erzählt: „Heute ist ein sehr nebliger Novembertag. Alle Rostocker Fischer wollen nach getaner Arbeit mit ihren Fischkuttern sicher zurück in den Hafen. Durch den heftigen Nebel ist die Fahrrinne nicht mehr zu erkennen, das Radarsystem ist ausgefallen und nur mithilfe der Nebelhörner wird den Fischern der Weg in den Hafen (d. h. auf die andere Seite des Raumes) gewiesen. So machen sich die Fischkutter auf den Weg und versuchen, sich dabei so vorsichtig zu bewegen und so gut zu lauschen, dass sie an kein Nebelhorn stoßen und somit sicher in den Hafen gelangen."

Ein schlauer Bauer

Material: Tiermemorykarten und Bewegungsmusik

Bei diesem Musikstoppspiel verteilen die Kinder vor Spielbeginn zunächst im ganzen Raum Memorykarten mit Tiermotiven verdeckt auf dem Boden. Dann bewegen sich alle zur Musik durch den Raum. Sobald die Musik stoppt, deckt jeder Mitspieler eine Karte auf und beginnt sofort, das Tier, das darauf abgebildet ist, verbal darzustellen. Eines der Kinder, das zuvor die Rolle des Bauern erhalten hat, muss nun aus der entstehenden Tiergeräusch-Kulisse die jeweils zusammengehörenden Geräusche herausfinden und die entsprechenden Kinder zu Tierfamilien sortieren.

Der Klatschparcours

Material: Evtl. Matten, Bänke, Stühle und Tische in Form einer Bewegungslandschaft

Alle Kinder stellen sich zunächst im Kreis auf. Dann wird ein Mitspieler mit besonders gutem Gehör bestimmt, der kurz den Raum verlässt. Ein zweites Kind geht nun von der Tür bis zu dem Platz, an dem der draußen stehende Mitspieler vorher im Kreis gestanden hatte. Dabei macht es einen Umweg durch den Raum, der ggf. mit einer Bewegungslandschaft aus verschiedensten Elementen (Matten, Bänke, Stühle, Tische etc.) ausgestattet ist. Damit alle Kreiskinder sich diesen Weg merken können, wird er allen noch ein zweites

Mal gezeigt. Nun wird das erste Kind wieder in den Raum gerufen und soll, geleitet vom Klatschen der Kinder im Kreis, den richtigen Weg durch die Bewegungslandschaft zu seinem eigenen Platz finden. Dabei hören die Kreiskinder sofort zu klatschen auf, wenn das suchende Kind einen falschen Weg einschlägt!

Hase und Fuchs

Material:
Zwei Geräuschdosen, ggf. ein Gürtel mit Chiffontuch und ein Gürtel mit Wattebausch, zwei Augenbinden

Alle Kinder bilden zunächst einen Kreis und halten sich an den Händen fest. Zwei Mitspieler stellen sich mit verbundenen Augen in den Kreis und übernehmen die Rolle des Fuchses und des Hasen. Der Fuchs erhält dazu ggf. einen mit einem Chiffontuch ausgestatteten Gürtel, der Hasen evtl. einen Gürtel mit einem Wattebausch. Zudem erhalten beide Kinder jeweils eine Geräuschdose. Wie im wahren Leben ist der Fuchs auch hier sehr daran interessiert, den Hasen zu fangen und beginnt nun seine Suche nach ihm, indem er mit der Dose raschelt. Als Antwort muss sich der Hase auch mittels seiner Geräuschdose bemerkbar machen, und so wechseln die beiden sich immer ab. Sowohl der Hase als auch der Fuchs können auf diese Weise lauschen, wo sich der gefährliche Fuchs bzw. der Hasenschmaus befindet. Wenn der Fuchs den Hasen gefunden hat, ist das Spiel vorbei und zwei andere Mitspieler übernehmen deren Rollen.

Eine Nacht im Klapperschlangen-Tal

Material:
Zwei kleine Steine pro Kind, Baumwolltücher bzw. Augenbinden

Die Kindergruppe wird in zwei Mannschaften geteilt. Eine Gruppe spielt die Klapperschlangen, wofür jedes Kind zwei Steine erhält. Die Kinder der anderen Mannschaft übernehmen die Rolle der Urlauber, die sich nachts im Klapperschlangen-Tal verirrt haben und aufgrund der Dunkelheit nichts sehen. Dazu legen sie sich Tücher über die

Köpfe oder verbinden sich die Augen mit Augenbinden. Bei Spielbeginn schlagen die Klapperschlangen vorsichtig ihre zwei Steine aneinander. Die Urlauber müssen sich nun vorsichtig durch den Raum bewegen und dürfen dabei möglichst keine Klapperschlange berühren. Passiert dies doch, dann nimmt der entsprechende Mitspieler das Tuch bzw. die Augenbinde ab, erhält zwei Steine und verwandelt sich so in eine Klapperschlange. Gewonnen haben diejenigen Urlauber, die sich nach einer gewissen Spielzeit noch nicht in Klapperschlangen verwandelt haben.

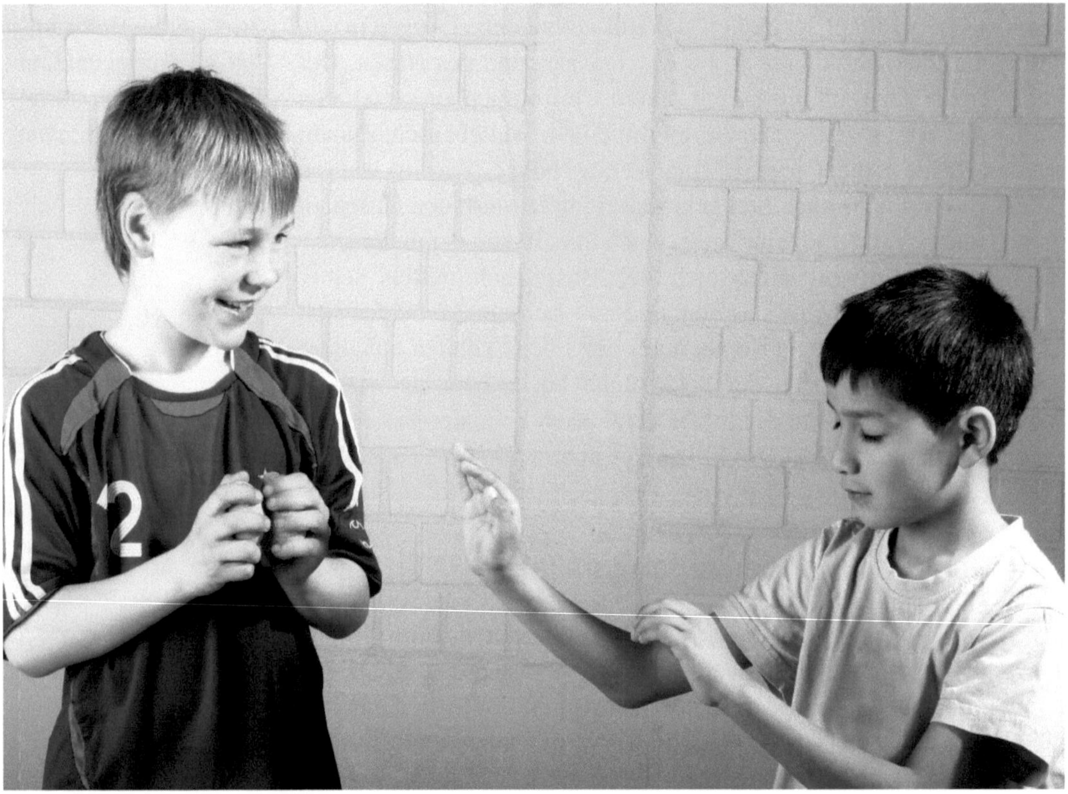

„Hallo, Echo!" oder „Der Bürgermeister von Wesel"

Alle mitspielenden Kinder bilden einen möglichst großen Kreis um ein in der Mitte stehendes Kind, das den Bürgermeister darstellt. Dann fragen alle gleichzeitig: „Was sagt der Bürgermeister von Wesel?" Der Bürgermeister darf sich nun ein Quatschwort ausdenken, das entweder von allen zusammen wild durcheinander nachgesprochen wird oder nur von einem Mitspieler, während die anderen gleichzeitig permanent etwas anderes sagen. Nur, wenn der Bürgermeister das gewählte Wort richtig verstanden hat, darf das entsprechende Kind bzw. die gesamte Gruppe einen Hüpfer nach vorne springen. Wer den Bürgermeister zuerst berühren kann, übernimmt dessen Rolle.

Tomatensuppen-Chefkoch

Alle Kinder stehen im Kreis. Dann wird ein „Detektiv" vor die Türe geschickt, während ein Kreiskind zum „Tomatensuppen-Chefkoch" ernannt wird. Sobald der Detektiv den Raum wieder betritt, machen alle Kinder im Kreis Kochgeräusche (also z. B. „brr, krr, ssss …") und rühren dabei pantomimisch in einem Kochtopf. Der Detektiv hat nun die Aufgabe, den Tomatensuppen-Chefkoch, der anstatt der Kochgeräusche permanent „Tomatensuppe" sagt, zu finden. Dabei hat er verschiedene Möglichkeiten:

- Er geht von Kind zu Kind und schaltet die „falschen" Geräusche aus, indem er den Mitspielern auf die Schulter tippt.
- Er bleibt in der Kreismitte stehen und versucht, den Tomatensuppen-Chefkoch an seinem Verhalten zu erkennen oder ihn mit offenen oder geschlossenen Augen herauszuhören.
- Er wechselt zwischen den beiden genannten Methoden.

Variation:
Wenn alle Kinder im Kreis neben den Kochgeräuschen auch noch verschiedene Gerichte nennen, wird die Arbeit für den Detektiv natürlich deutlich schwieriger. Am kniffligsten ist es, wenn die Mitspieler auch noch lauter Tomatengerichte nennen (also z. B. Tomatensoufflé, Tomatensalat, Tomatensaft, gegrillte Tomaten, Tomatensoße usw.).

Klingel-Sitzrollball

Material: Ein Katzenklingelball oder ein selbst gebastelter Klingelball

Um zunächst das Geräusch des Klingelballs kennenzulernen, sitzen alle Kinder in einem engen Kreis auf dem Boden und schließen die Augen. Dann wird der Klingelball im Kreis kreuz und quer umhergerollt. Sobald die Kinder den Ball in ihrer Nähe hören, strecken sie die Arme aus und nehmen ihn ggf. in Empfang.
Beim anschließenden Klingelball-Sitzrollball-Spiel wird die Gruppe in zwei Mannschaften geteilt. Es gibt zwei Torbereiche, die z.B. durch Stühle gekennzeichnet sind, und zwei dazugehörige Torwarte. Die Feldspieler setzen sich verteilt auf den Boden und schließen die Augen bzw. erhalten Augenbinden. Dann wird der Ball blind auf das jeweils gegnerische Tor gerollt und kräftig um Tore gekämpft!
Bastelanleitung für den Klingelball: Dazu benötigen Sie einen alten Tennisball, ein Teppichmesser, eine mittelgroße Glocke und mehrere Ballons; in den Tennisball einen Schlitz und kleine Löcher schneiden, die Glocke durch den Schlitz in den Ball stecken, einen Ballonbauch über den Ball ziehen, dann zwei andersfarbige Ballonbäuche in Scheiben schneiden und zur Dekoration über den Ball ziehen.

Variation:
Das Spiel funktioniert bei älteren Kindern auch gut mit mehreren Bällen. Wichtige Regel hierbei: Wer den Ball wirft, bekommt sofort ein Tor aberkannt!

Rudi Roboter

Die Kinder bilden Paare und vereinbaren, wer von ihnen jeweils Rudi Roboter spielt und bei welchen verbalen Anweisungen bzw. Geräuschen sich dieser im Raum drehen oder bewegen darf. Als Kommandos für die Richtungswechsel oder Wendungen nach rechts und links sowie für das Loslaufen und Stoppen werden technische Geräusche, wie „Krsch“, „Blupp“, „Trrr“, „Quietsch“ usw. vereinbart. Sind die Kommandos ausgemacht, dann wird Rudi Roboter von seinem Spielpartner im Raum umhergelotst.

Variante:
Vor Spielbeginn werden verschieden farbige Teppichfliesen im Raum verteilt. Dasjenige Kind, das Rudi Roboter führt, bekommt eine Laufkarte, auf der die verschiedenen Farben der Teppichfliesen in einer bestimmten Reihenfolge abgebildet sind. Die Fliesen mit den entsprechenden Farben muss Rudi Roboter nun in der auf der Laufkarte angegebenen Reihenfolge abgehen. Am Ende seines Parcours nennt Rudi Roboter die Farbfliesen, die er auf seinem Weg überquert hat.

Ach, guck an!

Bewegte Spiele zur optischen Sinneswahrnehmung

Großgruppen-Domino

Material:
Musik, ein Dominospiel mit Bildern, Zahlen oder Buchstaben

Jedes Kind bewegt sich mit einer Dominokarte in der Hand zur Musik durch den Raum. Dabei werden die Karten immer wieder untereinander getauscht. Wenn die Musik stoppt, versucht jeder, denjenigen Mitspieler zu finden, der die zu seiner Dominokarte passende Anschlusskarte besitzt. Die dadurch entstehende Dominostraße wird auf den Boden gelegt oder in der Luft nebeneinander gehalten. Tipp: Wer sich das hier benötigte Dominospiel selbst bastelt und laminiert, hat den Vorteil, es in Übergröße herstellen zu können.

Die Zeitungsclowns

Material:
Zwei Bögen Zeitungspapier, zwei dicke, farbige Stifte

Zur Vorbereitung wird zunächst auf jede Zeitung auf die obere Hälfte ein Clownsgesicht gemalt. Nachdem sich die Kinder für ihren Zeitungsclown einen Namen ausgedacht haben, überlegen sie mit dem Spielleiter, welche Bewegungen der Körper eines solchen Clowns

ausführen könnte, wenn man den Zeitungsbogen mit dem Gesicht am oberen Rand hält und ihn entsprechend bewegt. Diese Bewegungen werden dann von den Kindern zusammen ausgeführt und benannt, also z. B. hüpfen, gehen, auf einem Bein springen, hinsetzen, auf den Bauch oder den Rücken legen, kullern, drehen usw. Haben die Kinder die Bewegungsformen kennengelernt, dann wird der Clown ohne die entsprechenden verbalen Anweisungen vom Spielleiter bewegt und die Kinder, die sich in einer Reihe nebeneinander aufgestellt haben, versuchen, die damit angedeuteten Bewegungen zu erkennen und nachzuahmen. Nach kurzer Zeit kann der Clown sich auch seitwärts sowie vor- und rückwärts bewegen!
Etwas schwerer, aber noch viel spannender wird es, wenn die Freundin des Clowns (der zweite Zeitungsbogen) ins Spiel kommt und sich zusammen mit dem ersten Clown bewegt.
Dazu erhalten die Clownsgesichter Namen zugeteilt, und jeweils zwei Kinder, die nebeneinander stehen, sollen nun gemeinsam die zwei Clowns darstellen und, wie oben beschrieben, dessen Bewegungen erraten und nachahmen. Plötzlich geht also ein Clown nach vorne, der andere bewegt sich zurück; ein Clown setzt sich, der andere springt über ihn hinweg; beide drehen sich zueinander und begrüßen sich usw. Zum Abschluss des Spiels bietet es sich an, dass sich beide Clowns ruhig hinlegen oder aber recht lebhaft „zur Seite kullern“.

Aufgaben-Luftballons

Material: Luftballons und kleine Zettel, Bewegungsmusik

Zur Vorbereitung werden zunächst von der Leiterin auf die Zettel bestimmte Aufstellungsformationen gezeichnet (also z. B. Kinder, die im Kreis stehen, in einer Zweierreihe hintereinanderstehen, zu dritt nebeneinandersitzen, sich in einer Gasse gegenüberknien usw.). Nachdem die Zettel zusammengefaltet und in die Luftballons gesteckt wurden, werden diese aufgeblasen und im Raum verteilt. Während der anschließenden Bewegungsphase sollen zur Musik möglichst alle Luftballons in der Luft gehalten werden. Sobald die Musik stoppt, wird ein bestimmter Ballon benannt (z. B. mit Sätzen wie: „Dieser Ballon hat die gleiche Farbe wie die Sonne“), der dann möglichst schnell zum Platzen gebracht wird. Ohne zu reden, sollen die Kinder daraufhin die Anweisung auf dem Zettel aus dem Ballon befolgen und sich dementsprechend formieren. Im Anschluss wird die jeweilige Aufstellung besprochen und richtig benannt (also z. B. „Kreis“, „Zweierreihe hintereinander“, „Gasse“ usw.). Danach dürfen die Kinder die jeweilige Form der Aufstellung selbst aufzeichnen, die älteren dürfen den Begriff aufschreiben.

Variation:
Mehrere Mannschaften spielen gegeneinander und lösen ihre Aufgabe demnach in Kleingruppen. Als Alternative zu den Luftballons können auch Brotdosen verwendet werden.

Kunterbunte Seilchenformen

Material:
Verschieden farbige Seilchen, Papierblätter oder Spielkarten mit aufgemalten einfachen Formen, Buchstaben oder Zahlen

Alle Seilchen werden zu Spielbeginn in die Mitte des Raumes gelegt. Die Kinder verteilen sich und erhalten von der Spielleiterin jeweils eine Spielkarte. Nun holt sich jedes Kind ein farbiges Seilchen und legt damit die auf der Spielkarte angegebene Form bzw. den Buchstaben oder die Zahl großräumig auf dem Boden nach (bei den Kleineren sollte man dabei jedes Mal nur eine Form vorgeben, bei den Größeren können es schon mehrere sein). Sobald alle fertig sind, werden die Formen, Buchstaben oder Zahlen benannt und von allen Kindern, ggf. zur Musik, übersprungen oder zum Balancieren genutzt. Daraufhin werden neue Spielkarten verteilt, und das Spiel beginnt von vorne.
Für dieses Spiel eignen sich sehr gut die Kartenspiele „NIX" (ein Blanko-Kartenspiel zum Selbstbemalen oder -beschreiben) oder „Mal mal" der Firma Adlung (www.adlung-spiele.de).

Großgruppen-Detektivtraining

Um möglichst viele kleine Detektive gleichzeitig zu schulen, teilt man die Kinder zunächst in zwei gleich große Gruppen, von denen jeweils eine die Detektive spielt. Die Detektivgruppe merkt sich möglichst genau, welche Kleidung die Kinder der anderen Gruppe tragen, wo sie in der Reihe stehen, welche Schuhe sie tragen usw. Erfahrene Detektive können auch versuchen, sich mehrere dieser

Dinge gleichzeitig zu merken. Daraufhin verlässt die Detektivgruppe den Raum, und die verbleibenden Kinder verändern die vereinbarten Dinge (also entweder nur ihre Kleidung, ihren Platz, ihre Schuhe usw. oder gleich alles zusammen). Sobald die Detektive den Raum wieder betreten, dürfen sie gemeinsam möglichst viele Veränderungen aufdecken und die Treffer zählen.

Pärchen-Lauf

Alle Kinder bilden Paare, welche sich anschließend einen Platz im Raum suchen. Jeweils ein Kind jedes Paares bewegt sich daraufhin so, wie es möchte, durch den Raum und wird dabei genau von seinem Partner beobachtet. Sobald das erste Kind zu seinem Platz zurückkommt, ist der Partner an der Reihe und soll nun möglichst denselben Weg mit derselben Bewegungsform nachgehen, nachhüpfen usw. Danach tauschen die beiden Spielpartner ihre Rolllen.

Detektivschule

Material: Verschieden große Gegenstände, die die Kinder kennen, z. B. Luftballon, Reifen, Zauberstab, Stift, Klebstreifenrolle, Sicherheitsnadel usw.

In der Detektivschule werden die Kinder zu kleinen Detektiven ausgebildet. Neben Schnelligkeit, Reaktionsfähigkeit, Kraft und Ausdauer soll im folgenden Spiel die Beobachtungsfähigkeit spielerisch geschult werden.

Alle Gegenstände werden vor dem Spiel so im Raum versteckt, dass man Teile von ihnen noch erkennen kann. Dann gehen die Kinder durch den Raum und suchen die versteckten Dinge, und zwar zuerst die großen und später die kleineren. Wer etwas gefunden hat, bleibt einfach in der Nähe des Verstecks stehen und gibt den anderen Kindern damit einen Tipp, in welcher Richtung gesucht werden soll. Mit den gefundenen Gegenständen wird später gespielt, gezaubert oder experimentiert.

Variation:
Sobald ein Kind einen Gegenstand gefunden hat, setzt es sich schweigend in die Mitte des Raumes und gibt somit keinen Hinweis auf das Versteck.

Der bewegte Fotoapparat

Bei diesem Spiel wird ein Kind als „laufender Fotoapparat“ mit geschlossenen Augen von einem zweiten Mitspieler, dem Fotografen, durch den Raum geführt. Sobald der Fotograf ein Foto machen möchte, richtet er den Fotoapparat aus (d. h., er dreht den Kopf des Fotoapparat-Kindes in Richtung des Motivs) und löst aus, indem er auf eine Schulter seines Spielpartners tippt. Das Fotoapparat-Kind öffnet nun kurz die Augen und merkt sich, was es in diesem „Aufnahmemoment“ gesehen hat. Nach einer oder mehreren solcher Aufnahmen wird der Film „entwickelt“, und zwar, indem das Fotoapparat-Kind die gesehenen Motive aufmalt oder aufschreibt. Danach wird verglichen, ob der Fotoapparat wirklich das gleiche Motiv abgelichtet hat, das der Fotograf knipsen wollte.

Flummitücher auf Reisen

Material:
Pro Kind ein farbiger Flummi und ein buntes Chiffontuch

Zur Vorbereitung des Spiels knoten die Kinder oder die Erzieherinnen den Flummi in einer Ecke des Chiffontuchs fest. Die so entstandenen Flummitücher kann die Gruppe nun im Kreis stehend oder auch während der Bewegung im Raum auf die Reise gehen lassen. Dafür werfen die Kinder ihre Flummitücher möglichst weit weg und versuchen dann, sie permanent zu beobachten, um möglichst mit dem eigenen Flummi weiterspielen zu können. Natürlich können die Kinder ihre Flummis auch in oder durch verschiedene Materialien werfen.

Dreier-Aufstand

Bei diesem Stuhlkreisspiel kommt es darauf an, möglichst einen Überblick über die gesamte Gruppe zu behalten. Ziel des Spiels ist es, dass drei Kinder gleichzeitig stehen, ohne sich dabei vorher abzusprechen, wer wann aufsteht. Sobald mehr als drei Kinder stehen, muss sich ein Kind wieder setzen, und auch dies ohne Absprache. Wenn genau drei Kinder stehen, dann bekommt die ganze Gruppe ggf. einen Punkt, die drei Kinder setzen sich wieder, und das Spiel beginnt von vorn.

Das Bauklotzspiel

Material:
Bunte Bauklötze, laminierte, mit verschiedenen Bauklotzfolgen bemalte Papierblätter oder Spielkarten

Zunächst werden alle Bauklötze auf dem Boden verteilt. Ein Kind läuft, krabbelt oder kriecht mit einer Spielkarte, auf der zuvor verschieden große und verschieden farbige Bauklötze in einer bestimmten Reihenfolge aufgemalt worden sind, durch den Raum und sucht sich die jeweils passenden Bauklötze zusammen. Diese setzt es zum Schluss auf die Spielkarte.

Variationen:
Die Karte wird nicht mit durch den Raum genommen, sondern bleibt sichtbar auf einem Tisch liegen. Das Kind bringt die einzelnen Steine so lange zum Tisch und vergleicht dort deren Form und Farbe, bis es alle zur Abbildung auf der Karte passenden Bauklötze erwischt hat.

Eine weitere Variationsmöglichkeit ist es, dem Kind die Karte nur zu zeigen und sie daraufhin umgedreht, d. h. mit dem Bild nach unten, auf den Tisch zu legen. Nun müssen die Kinder die von ihnen gesammelten Bauklötze aus dem Gedächtnis in der richtigen Farbe und der richtigen Form neben die verdeckte Karte legen. Man kann auch zwei Gruppen gegeneinander spielen lassen, die jeweils mehrere Spielkarten abarbeiten. Welche Gruppe ist als Erste fertig?

Nasenbilder

Bei diesem Spiel bewegt sich im Grunde genommen nur der Kopf, dies aber dafür ausgiebig! Am besten stellen sich die Kinder dazu in einem Kreis auf. Dann malt ein Kind mit der Nase – wie mit einem Stift – eine Form in die Luft. Alle, die diese Form erkennen, malen sie ebenfalls mit der Nase in der Luft nach und besprechen dann kurz, welche Form gemeint war.
Sind einige Formen mit der gesamten Gruppe eingeführt worden, dann wandern sie im Kreis von einem Kind zum nächsten. Dafür schickt der Spielleiter nach und nach verschiedene Formen auf die Reise, die dann möglichst unverändert wieder bei ihm ankommen sollen.

Variation:
Die Kinder stehen in Mannschaften hintereinander. Dann zeigt der Spielleiter dem jeweils hintersten Kind eine Form. Dieses tippt seinen Vordermann an, der sich umdreht und das Nasenbild präsentiert bekommt. Auf diese Weise wandert das Bild bis zu dem ganz vorne stehenden Mitspieler der jeweiligen Mannschaft, welcher die Form nennt bzw. aufschreibt. Diejenige Mannschaft, welche die richtige Form zuerst nennt, bekommt jeweils einen Punkt. Welche Gruppe wird wohl gewinnen?

Die Schlangenparty

Material: Verschieden farbige Seilchen, verschieden farbige Haargummis und verschieden farbige Wäscheklammern, Musik

Vor Spielbeginn werden die Seilchen (die „Schlangen“) vorbereitet. Dazu legt man an einem Ende des Seilchens eine Schlaufe und wickelt einen Haargummi (als „Haarschmuck“ der Schlange) darum. Am anderen Ende befestigt man eine Wäscheklammer (den „Tanzschuh“ der Schlange). Jedes Kind erhält nun eine solche schicke Partyschlange und tanzt zur Musik mit der Schlange durch den Raum. Wenn die Musik stoppt, treffen sich alle Kinder in der Mitte des Raumes, bilden einen Kreis und legen ihre Schlangen auf einen Haufen in die Mitte dieses Kreises, damit sich diese „erholen“ können. Dann werden einzelne Kinder aufgefordert, den Kopf ihrer Schlange zu zeigen. Alle anderen sollen nun den Körper der Schlange (d. h. das Seil) mit den Augen durch das Schlangenknäuel verfolgen und so möglichst schnell herausfinden, welche Farbe der Tanzschuh dieser Schlange hat. Wenn alle Kinder einen oder mehrere Schlangenschuhe ausfindig gemacht haben, nehmen sie ihre eigene Schlange wieder auf und tanzen bis zum nächsten Musikstopp erneut mit ihr durch den Raum. Dann versammeln sich die müden Schlangen wieder in der Kreismitte und werden von den Kindern, wie oben geschildert, beobachtet und beschrieben.

Das pantomimische Zaubergeschenk

Alle Kinder stehen im Kreis und überlegen gemeinsam, welche Geschenke man gut pantomimisch darstellen kann (also z.B. eine Rose, ein Buch, eine Kette, einen Gameboy etc.). Daraufhin beginnt eines der Kinder, ein imaginäres Geschenk vorzustellen, um es seinem Nachbarn zu übergeben. Dieser darf nun entscheiden, ob sich das Geschenk bei ihm verzaubert und zu einem ganz anderen Gegenstand wird, oder ob er es so, wie er es bekommen hat, weiterreichen möchte. Erst, wenn das Zaubergeschenk einmal im Kreis herumgewandert ist, dürfen alle Kinder benennen, welche Geschenke sie bei den anderen erkannt haben.

Bewegungs-„Quips“

Beim Spiel „Quips“ haben die Kinder die Aufgabe, kleine, verschieden farbige Spielsteine in eine bunte Vorlage zu legen. Die Farbe der Spielsteine muss dabei jeweils mit der vorgegebenen Farbe der Vorlage übereinstimmen. Beim Bewegungs-„Quips“ ist die Aufgabenstellung dieselbe, nur um ein Vielfaches bewegter. Die Kinder spielen hier in Gruppen, neben einer Spielvorlage auf dem Boden sitzend. Alle bunten Spielsteine sind im Raum auf dem Boden verteilt. Dann würfeln die Kinder einer Gruppe abwechselnd mit dem Farbwürfel. Würfeln sie dabei eine noch fehlende Farbe, so bewegen sie sich auf eine zuvor vereinbarte Art und Weise (also z.B. im Spinnengang, krabbelnd, robbend etc.) bis zum nächsten Spielstein und legen diesen an die vorgegebene Stelle in die Spielvorlage. Gewonnen hat diejenige Gruppe, welche als Erste die Spielvorlage mit allen fehlenden Spielsteinen gefüllt hat.

Material:
Tischspiel „Quips“ (gehört zum Inventar der meisten Einrichtungen), mehrere Farbwürfel

Bierdeckel-Schatzsuche I

Material:
9 bis 100 Bierdeckel, Papierblätter, ein roter Stift

Zur Spielvorbereitung werden die Bierdeckel im Quadrat auf dem Boden ausgelegt (also im Format 3 x 3 bis 10 x 10). Einer der Bierdeckel wird mit einem dicken, roten Kreuz versehen (er stellt den „Schatz“ dar) und mit der markierten Seite nach unten vom Spielleiter auf ein von ihm ausgesuchtes Zielfeld gelegt. Auf Papierblättern werden „Schatzkarten“ gezeichnet, auf denen die entsprechende Bierdeckelanzahl und ein vorgegebener Weg zum Schatz farblich markiert ist.

Nun bekommen alle Kinder oder jede Gruppe eine Schatzkarte und müssen versuchen, den Schatz zu finden, indem sie auf den Bierdeckeln dem auf der Karte vorgegebenen Weg folgen.

Fan-Tast-ische Spiele

Bewegte Spiele zur taktilen Sinneswahrnehmung

Körpermikado

Material:
Viele Bierdeckel, für je fünf Kinder eine Decke

Die Kinder bilden Gruppen aus jeweils fünf Kindern. Ein Kind aus jeder Gruppe legt sich bäuchlings auf eine Decke, die anderen setzen sich um es herum. Dann verteilen sie nacheinander ca. 20 Bierdeckel auf dem Körper des liegenden Kindes, und zwar so, dass sie jeden Bierdeckel ein wenig andrücken. Das liegende Kind darf währenddessen die Körperteile benennen, wo es etwas spürt. Sind alle Deckel verteilt, dann wird nach den bekannten Regeln Mikado gespielt: Jeder Spieler darf so lange Deckel vom Körper nehmen, bis das liegende Kind „Stopp" sagt und das Körperteil nennt, wo es gespürt hat, dass jemand einen Deckel wegnehmen wollte. Der betreffende Spieler darf sich diesen Deckel noch nehmen und lässt dann den Nächsten an die Reihe kommen.

Variation:
Anstelle von Bierdeckeln eignen sich für kleinere Kinder Kastanien, Steine, Bauklötze usw. besonders gut, da sie von dem liegenden Kind

besser wahrgenommen werden können. Im Winter sollte man dieses Spiel mit schwereren Materialien durchführen, da die Kinder dann dicker angezogen sind.

Mein Stein

Material: Verschieden geformte Steine, ggf. Farbe, eine Decke, Musik

Jedes Kind darf sich zu Beginn des Spiels einen Stein aussuchen und diesen besonders gut kennenlernen: Wie schwer ist er, wie fühlt er sich an, gibt es ganz besondere Merkmale an ihm usw.? Dann bewegen sich alle Kinder zur Musik durch den Raum und tauschen ihre Steine immer wieder untereinander aus. Wenn die Musik stoppt, legen sich alle in Bauchlage um die auf dem Boden ausgebreitete Decke und reichen die Steine unter der Decke versteckt so lange von Kind zu Kind weiter, bis jedes Kind seinen Stein wieder ertastet hat.

Bei kleinen Kindern und Streithähnen empfiehlt es sich besonders, die Steine zuvor mit Farbe zu markieren und sie dann sichtbar weiterzureichen.

Bewegtes Bierdeckel-Tast-Memory

Material: Bierdeckel, Materialien zum Bekleben der Bierdeckel, Kleber

Zur Vorbereitung des Spiels werden Bierdeckel paarweise auf einer Seite mit bestimmten Materialien beklebt. Dann erhält jedes Kind einen Bierdeckel, den es mit der beklebten Seite nach unten hält. Da es jeden mit einem bestimmten Material beklebten Bierdeckel zweimal gibt, versuchen die Kinder nun, durch gegenseitiges Abtasten der Bierdeckel möglichst schnell den eigenen „Bierdeckelpartner" zu finden. Wenn sie glauben, diesen gefunden zu haben, dann dürfen sie die Bierdeckel umdrehen und die Unterseiten vergleichen. Stimmt das Ergebnis, werden neue Bierdeckel verteilt.

Variation:
Wenn die Kinder gerne bewegter spielen, dann kann man die Bierdeckel anfangs auch auf den Boden verteilen und sich zur Musik durch den Raum bewegen. Erst beim Musikstopp dürfen die Kinder einen der Deckel aufheben, ihn – ohne ihn umzudrehen – kurz betasten, um dann den „Bierdeckelpartner“ zu finden.

Tippe, tappe, tüße!

Material:
Pro Kinderpaar ein Tennisball, eine Decke oder Turnmatte

Bei diesem Spiel bilden die Kinder zunächst Paare und stimmen ab, wer von beiden sich zuerst auf die Decke legen darf und wer als Erster mit dem Tennisball „arbeitet“. Das „Tennisballkind“ kniet sich nun neben seinen liegenden Spielpartner und beginnt, den Ball

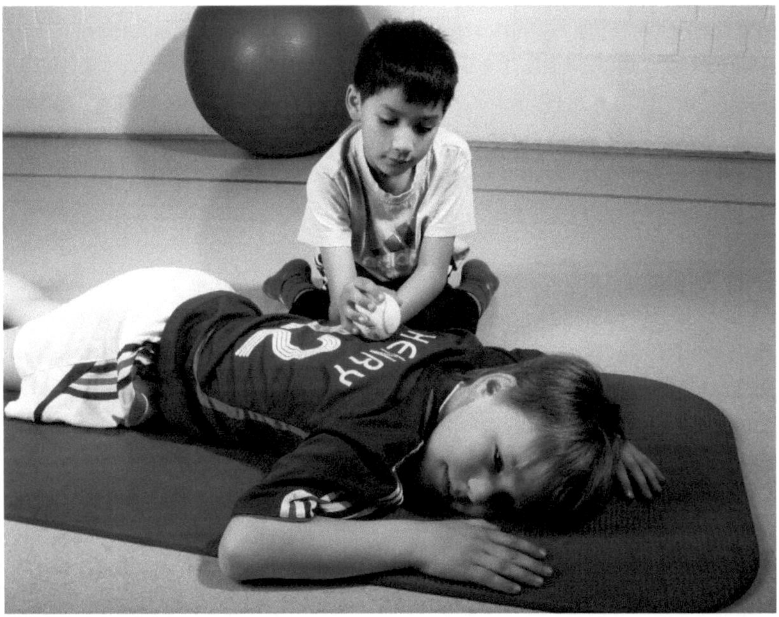

auf dessen Füße zu tippen. Dabei spricht es selbst bzw. eine Spielleiterin den Satz: „Tippe, tappe, tüße, der Ball tippt deine Füße!“ Auf diese Weise wandert der Ball von einem Körperteil zum nächsten und wird dabei immer verbal durch einen kleinen Reimspruch begleitet, also z. B.: „Tippe, tappe, tie, der Ball tippt jetzt dein Knie!“, „Tippe, tappe, to, der Ball tippt auf dem Po!“, „Tippe, tappe, tücken, der Ball tippt auf dem Rücken!“ usw.

Chinesische Rückenpost

Material: Papierblätter oder Blanko-Spielkarten mit aufgemalten chinesischen Schriftzeichen

Dieses Spiel wird wie die „Stille Rückenpost“ gespielt. Als Vorlage dienen hier jedoch sechs bis acht einfache chinesische Schriftzeichen, die sowohl das hinten wie auch das vorne sitzende Kind in der Hand hält. Das hinten sitzende Kind sucht sich ein Zeichen aus, das es dem vor ihm sitzenden Spielpartner wie bei der „Stillen Rückenpost“ auf den Rücken malt. Mithilfe des Vorlagenblattes kann der Vordermann nun überprüfen, welches Zeichen ihm auf den Rücken geschrieben wurde. Die chinesischen Schriftzeichen lassen sich übrigens ohne Probleme beim nächsten Chinarestaurantbesuch organisieren!

Die Ritterburg

Die Hälfte der Gruppe verlässt den Raum. Alle restlichen Kinder stellen sich in einen sehr engen Kreis, legen die Arme auf die Schultern ihrer rechten und linken Nachbarn und bilden so die „Ritterburg“. Dann denken sich alle dieser im Kreis stehenden Kinder (die „Mauerteile“ der Burg) einen taktilen Reiz aus, der an ihrer Körperrückseite von den anderen, draußen befindlichen Kindern (den „Rittern“) ausgeführt werden könnte (z. B. dreimal über die linke Kniekehle streicheln o. Ä.). Nun wird die andere Hälfte der Gruppe in den

Raum gerufen und darf an der Körperrückseite der „Mauerteile“ alles an taktilen Reizen ausprobieren, was nicht weh tut! Nur, wenn ein Ritter den richtigen Reiz herausfindet, fällt das entsprechende Mauerteil heraus, d. h., das Kind kniet sich hin. Da die Ritter miteinander reden dürfen, kann das Ergebnis an die anderen „Belagerer“ weitergegeben werden. Sind alle Mauerteile gefallen, dann dürfen die Ritter die Burg stürmen und feiern (in die Kreismitte gehen und einen Freudenschrei brüllen).

Um Mitternacht, wenn die Schaufensterpuppen tanzen ...

Die Kinder bilden zunächst Paare. Jeweils einer der beiden Spielpartner versucht nun möglichst ruhig stehen zu bleiben und spielt die Schaufensterpuppe. Das andere Kind (der „Dekorateur“) darf die

Haltung der Schaufensterpuppe nach und nach verändern, sodass sie später ggf. ganz anders steht und guckt. Nach einer gewissen Zeit kündigt ein Spielleiter den Feierabend für alle Dekorateure an, die sich umgehend auf den Boden legen und ausruhen. Sobald der Spielleiter aber dann „Mitternacht!“ ruft, bewegen sich die Schaufensterpuppen langsam und möglichst, ohne die vorher geformte Haltung zu lösen, durch den Raum und suchen sich neben einem anderen Dekorateur wieder einen festen Platz aus. Beim Kommando „Sechs Uhr morgens, aufstehen!“ betrachten die Dekorateure, wer neben ihnen steht und laufen schnell zu ihren eigenen Puppen zurück. Daraufhin wechseln die Kinder die Rollen.

Stille Rückenpost

Material:
Evtl. Papierblätter oder Blanko-Spielkarten mit aufgemalten Zeichen bzw. Formen

Die Kinder bilden zunächst Paare, welche sich im Raum verteilt hinsetzen, und zwar so, dass die beiden Spielpartner hintereinander sitzen. Dann bekommt das jeweils hinten sitzende Kind auf einem Blatt Papier oder einer Spielkarte eine Form gezeigt bzw. denkt sich selbst eine Form aus und malt sie auf den Rücken des Vordermanns. Dieser wiederum malt die von ihm erspürte Form auf ein vor ihm liegendes Blatt und vergleicht das Ergebnis mit der Vorgabe. Können sich alle Kinder gut auf ihre Rücken konzentrieren, dann wird die Gruppengröße langsam über die bisherigen Paare hinaus gesteigert und die Form auf die gleiche Art und Weise von Rücken zu Rücken weiter nach vorne gegeben.

Tast-Detektive

Die Kinder werden in zwei Gruppen geteilt und bilden einen Innen- und einen Außenkreis, wobei die Kinder im Innenkreis nach außen

und diejenigen im Außenkreis nach innen blicken. Die Kinder im Außenkreis schließen nun die Augen, während die Mitspieler im Innenkreis sich jeweils vor eines der Außenkreiskinder stellen und ihm eine Hand reichen. Diese Hand darf nun von dem nicht sehenden Außenkreiskind erkundschaftet werden, und zwar möglichst so, dass es sie später wiedererkennen kann.
Sind alle Hände ausreichend betastet, dann wechseln die Kinder des Innenkreises maximal fünfmal zu einem neuen Gegenüber und lassen dabei jedes Mal ihre Hand von ihm befühlen, um dann am Schluss wieder bei ihrem ursprünglichen Partner anzukommen. Je häufiger gewechselt wird, desto schwerer ist es natürlich für die Außenkreiskinder, die erste Hand wiederzuerkennen.

Eistanz im Walzerschritt

Material:
Eine große Lackdecke, Spülmittel, viele Schwämme, etwas Wasser, Walzermusik

Alle Kinder verteilen sich um die Lackdecke, auf die das Spülmittel geschüttet wurde, und versuchen, mit Schwämmen Spülmittelschaumberge entstehen zu lassen. Ohne Musikeinsatz kommt es dabei häufig zu einem sehr kraftaufwendigen Hin- und Herschrubben, sobald aber im Hintergrund Musik gespielt wird, entstehen schnell rhythmische Bewegungen.

Variation:
Sobald sich genügend Schaum auf der Decke befindet, können die Kinder auch mit den Fingern darin malen oder schreiben.

Der Verwöhnkreis

Alle Kinder stellen sich im Kreis auf und fassen sich an den Händen. Dann überlegen und probieren sie aus, wie man die Hände des anderen verwöhnen kann (also z. B. streicheln, zart klopfen, reiben, massieren etc). Haben die Kinder genügend Ideen gesammelt, so dürfen alle, die wollen, ihre Augen schließen, und ein bzw. mehrere Kinder geben eine Verwöhnidee an einen ihrer Nachbarn weiter. Diese Verwöhnidee wandert dann von einem zum anderen Nachbarn im Kreis herum. Erst, wenn diese wieder an ihrem Ursprungsort angekommen ist, werden neue Ideen weitergegeben. Zum Abschluss des Spiels sollte es eine Rückmelderunde geben, um allen Kindern die Möglichkeit zu bieten, ihre während des Spiels aufgetretenen Empfindungen zu äußern.

Wenns kracht und scheppert!

Bewegte Spiele zur Rhythmikschulung

Da sich der Bewegungsrhythmus und der Sprachrhythmus in der Entwicklung gegenseitig unterstützen, lassen sich beide ganz einfach durch Spiele mit und ohne Material fördern. Das wertvollste und zugleich preiswerteste Instrument zur Rhythmikschulung stellt der eigene Körper dar, der bei den folgenden Spielideen häufig genutzt wird.

Das Körperorchester

Alle Kinder stehen in einem Kreis und testen zeitgleich ihre „Körperinstrumente", indem sie erkunden, wie es klingt, wenn man sich z. B. auf die Oberschenkel patscht, auf den Bauch klatscht oder bei geöffnetem Mund auf die Wangen tippt. Daraufhin gibt ein Kind ein bestimmtes Körpergeräusch vor, dass von allen anderen übernommen wird.

Variation:
Kleine Gruppen üben bestimmte Körpergeräusche ein, die später von der jeweiligen Gruppe oder im großen Orchester vorgeführt werden.

Ein langer Zug

Zu Beginn dieses Spiels stellen sich die Kinder in einer langen Reihe hintereinander und legen jeweils ihre Hände auf die Schultern des Vordermanns. Dann setzt sich dieser Zug in Bewegung, erst langsam und dann immer schneller. Dabei sprechen alle Kinder rhythmisch folgenden Text: „Und dann sind wir ein langer Zug! Er schnauft und schnauft, der lange Zug! Man glaubt das nicht, wie schwer das ist, man glaubt das nicht, wie schwer das ist! Geht schon besser, geht schon besser, geht schon besser, sch, sch, sch … Quieeeetsch, anhalten! Wir sind im Kölner (Münchner, Frankfurter etc.) Bahnhof gelandet! Wer will der Lokführer der nächsten Fahrt sein?“ Dieser Text wird nun immer wieder wiederholt, wobei sich die Lokführer verschiedene Zielbahnhöfe ausdenken dürfen! Bei jeder Reise übernimmt ein anderes Kind die Rolle des Lokführers, und zwar am besten derjenige Mitspieler, der sich zuvor am Ende der Reihe befunden hat.

Das Schlangenspiel

Auch bei diesem Spiel stellen sich die Kinder zunächst in einer langen Reihe hintereinander auf, die sich dann langsam in Bewegung setzt. Hier spielen die Kinder jedoch eine Schlange, bei der sich das jeweils vorne stehende Kind, nachdem der Text gesprochen bzw. gesungen wurde, hinten am Schlangenende anschließt. Dabei wird der folgende Text in der Regel so oft wiederholt, bis alle Kinder einmal Kopf und Schwanz der Schlange gespielt haben: „Wir, wir, wir, wir sind ein langes Tier; und was für ein Tier? Komm, ich verrat es dir! Wir sind ’ne lange Schlange, wir sind ’ne lange Schlange, Lisa (Name des jeweils vorne stehenden Kindes) ist nicht bange und stellt sich hinten an!“

Namen-Hüpfparade

Zu Beginn des Spiels stellen sich die Kinder an eine Wand im Raum. Dann werden die Namen aller Kinder nacheinander von der ganzen Gruppe geklatscht, gestampft und dann nach vorne gehüpft, und zwar so, dass jedem Klatschen, jedem Stampfen und jedem Hüpfen eine Silbe entspricht. Welcher Name ist am längsten und bei welchem kann somit am weitesten gehüpft werden?

Variation:
Spielen zwei Mannschaften gegeneinander, dann kann man, nachdem alle Namen gehüpft wurden, ermitteln, welche Gruppe weiter vorne steht und damit insgesamt die längeren Namen hat.

Gestampfte und gehüpfte Sätze

Bei dieser Übung lernen die Kinder, eine Satzmelodie rhythmisch mit den Beinen zu begleiten. Auch hierbei bietet es sich an, den Satz zuerst zu klatschen und später in Bewegung umzusetzen. Praktisch erprobte Sätze für dieses Spiel sind z. B.:
„Das ist der Rhythmus, bei dem jeder mit muss!"
„Pudel, Schäferhund und ein kleiner Mops,
bellen fürchterlich um 'nen Klops!"
„Montag, Dienstag, Mittwoch,
Montag, Dienstag, Mittwoch,
Donnerstag, Freitag, Samstag, Sonntag,
Donnerstag, Freitag, Wochenend!"

Variation:
Schwieriger ist es, wenn zwei sich gegenüberstehende Mannschaften sich langsam aufeinander zubewegen und dabei abwechselnd verschiedene Sätze sprechen. Dazu zwei Beispiele:

1. Gruppe: „Komm schnell, Anita!"
2. Gruppe: „Nein, Hans-Dieter!"

1. Gruppe: „Ihr habt den Keks aus der Dose geklaut!"
2. Gruppe: „Wer, wir?"
1. Gruppe: „Ja, ihr!"
2. Gruppe: „Wir nicht!"
1. Gruppe: „Wer dann?"
2. Gruppe: „Ihr habt den Keks aus der Dose geklaut!"
1. Gruppe: „Wer, wir?"
2. Gruppe: „Ja, ihr!"
1. Gruppe: „Wir nicht!"
2. Gruppe: „Wer dann?" usw.

Der geheime Rhythmik-Chef

Zunächst stellen sich die Kinder im Kreis auf. Bevor ein Rhythmik-Chef bestimmt wird, verlässt ein Kind (der „Detektiv“) den Raum. Der Rhythmik-Chef hat nun die Aufgabe, möglichst immer wechselnde Körperrhythmik-Vorgaben so vorzuspielen, dass die anderen Kinder im Kreis sie schnell nachvollziehen und nachmachen können. Der Detektiv, der anschließend in die Kreismitte gerufen wird, soll demgegenüber möglichst schnell herausfinden, wer von den Kindern der Rhythmik-Chef ist.

Rolle, Rolle, du musst wandern!

Material:
Pro Kind eine große Papprolle

Die Kinder hocken bei diesem Spiel in einem engen Kreis auf dem Boden. Zur Einführung des Liedes begleiten sie die Spielleiterin erst durch Klatschen und später dadurch, dass sie rhythmisch mit der flachen Hand vor sich auf den Boden schlagen. Wenn auch dies gut gelingt, dann bekommen alle die Aufgabe, mit einer Hand einmal vor dem linken und einmal vor dem rechten Knie auf den Boden zu schlagen. Klappt auch dies gut, dann erhalten zunächst zwei Kinder, die sich möglichst im Kreis gegenübersitzen, jeweils eine Papprolle. Diese Rolle soll nun zum Rhythmus des Liedes in einer Richtung im Kreis weitergegeben werden. Nach und nach kann dieses Spiel dann mit immer mehr Papprollen durchgeführt werden, bis schlussendlich jedes Kind eine Rolle in der Hand hält. Falls während des Spiels bei einzelnen Kindern mit den Rollen „Stau-Situationen“ entstehen, so dürfen diese die überzähligen Rollen einfach mit der untätigen Hand in die Mitte des Kreises rollen. Wer besonders „cool“ ist, arbeitet seine „Staurollen“ nach und nach ab!

Variation:
Man kann das Lied auch in einem sehr viel schnelleren Tempo spielen und/oder bei der Rollenübergabe Richtungswechsel vornehmen.

Rolle, Rolle, du musst wandern!
(Nach der Melodie: „Taler, Taler, du musst wandern!“)
„Rolle, Rolle, du sollst wandern, von dem einen Kind zum andern!
Oh, wie schön, oh, wie schön, ist die Rolle anzusehn!“

Auf zum Chinesentusch!

Alle mitspielenden Kinder sitzen im Stuhlkreis. Dann wiederholen sie gemeinsam die verschiedenen Sätze und Vorgaben, die von der Erzieherin gerufen bzw. vorgemacht werden:

Die Erzieherin beginnt zunächst im Flüsterton:
„Auf zum Chinesentusch!"
Die Erzieherin klatscht rhythmisch zum Text und sagt leise:
„Auf zum Chinesentusch!"
Die Erzieherin patscht sich auf Oberschenkel und sagt:
„Auf zum Chinesentusch!"
Die Erzieherin stampft zum Text auf den Boden und ruft:
„Auf zum Chinesentusch!"

Auch der folgende Singtext wird anschließend von der gesamten Gruppe wiederholt:
„Oh, Helene! A tiri taka tomba! A tiri taka tomba! A massa, massa, massa! A massa, massa, massa! Oh, Helene, Helene, ohe!"

Dann beginnt das Spiel von vorne – mit folgender Einleitung:
„Das war noch viel zu leise!" „Wir müssen's lauter singen!" „Auf zum Chinesentusch!" usw.

Ein Tipp: Da die Kinder dieses Lied am liebsten in einer extremen Lautstärke singen, sollte man diese nach einem noch erträglichen Höhepunkt langsam wieder herunterfahren, und zwar mithilfe der Formulierungen „Das war noch viel zu laut!" „Wir müssen's leiser singen!" usw.

Der Tiger Raschnipur

Die Geschichte vom Tiger Raschnipur wird von der Erzieherin oder einem anderen Sprecher in kurzen Sequenzen rhythmisch vorgesprochen. Die Kinder wiederholen dann diese Sequenzen jedes Mal gleich im Anschluss und begleiten sie mit kleinen pantomimischen Bewegungen!

„Tief im Dschungel	mit den Händen pantomimisch ein Fernglas vor die Augen halten
schleicht der Tiger Raschnipur,	mit den Fingerspitzen mehrfach auf den Oberschenkeln kratzen
ist auf seiner Dschungeltour.	siehe oben
Ist so mächtig hungrig,	mit der flachen Hand über den Bauch kreisen
unser Tiger Raschnipur.	die Hände neben die Schläfen halten und einen gefährlichen Tiger spielen
Holt sich jetzt ein Steak!“	bei „Steak“ fest in die Hände klatschen

Der „Alle meine Entchen“-Rock

Der unten stehende Text von „Alle meine Entchen“ wird bei diesem rhythmischen Klatschspiel recht „rockig“ vorgetragen. Dazu setzen sich die Kinder und singen diesen Text auf die Melodie des bekannten Rocksongs „We will rock you!“ Zugleich klatschen sich alle im Rhythmus des Songs zweimal auf die Beine und einmal in die Hände.

Alle meine Entchen
„Alle meine Entchen schwimmen auf dem See, schwimmen auf dem See, Köpfchen in das Wasser, Schwänzchen in die Höh! Alle meine Entchen, hey (ggf. die Arme nach oben strecken), Entchen, hey! Alle meine Entchen, hey, Entchen, hey!“

Die Melodie von „We will rock you!“ ist aber auch für eine Menge anderer Texte geeignet, so z. B.:

„Alle unsere Kinder sind nicht gern allein, denn in einer Gruppe kann man so gut schrein! Alle unsere Kinder, jeahh (Arme gegebenenfalls nach oben strecken), Kinder, jeahh! Alle unsere Kinder, jeahh, Kinder jeahh!“
„Alle unsere Kinder sitzen hier im Kreis, klatschen dieses Lied und singen jetzt mal leis! Alle unsere Kinder, pssst (Zeigefinger vor die Lippen halten), Kinder, pssst! Alle unsere Kinder, pssst, Kinder, pssst!“

„Alle unsere Kinder springen jetzt im Kreis, singen dieses Lied erst laut und dann ganz leis. Alle unsere Kinder, jeahh (ggf. die Arme nach oben strecken), Kinder, jeahh! Alle unsere Kinder, pssst (Zeigefinger vor die Lippen halten), Kinder pssst!"

Variationsmöglichkeiten:
Im Grunde kann man alle möglichen Volkslieder, Reimgeschichten oder Gedichte gut rappen oder rocken. Man sollte zu Beginn den passenden Bewegungsrhythmus finden und dann mit Spaß loslegen. Mithilfe dieser Methode lassen sich erstaunlich einfach auch lange Texte lernen!

Wenn die Stille rhythmisch knistert

Material:
In Stücke geschnittenes Butterbrotpapier

Die Kinder setzen sich im Kreis, jedes bekommt ein Stück Butterbrotpapier und darf damit erst einmal kräftig experimentieren. Eine wichtige Regel, die dabei einzuhalten ist: nicht zerreißen! Nach dem ersten wilden „Geraschel" spielen dann alle zusammen in einem Orchester, wobei die Erzieherin die Leitung übernimmt und die Raschelgeräusche vorgibt, welche die Kinder sofort übernehmen. Während des Konzerts gibt es aber auch Pausen, in denen das Papier ruht (d. h. in den Fäusten versteckt oder still gehalten wird). Diese Pausen können von Mal zu Mal länger werden, da sie als so spannend erlebt werden, dass die Kinder sie gut und lange aushalten können.
Wenn die Kinder verschiedene Raschelgeräusche kennen, werden sie in zwei Gruppen geteilt. Die Orchestergruppe spielt nun einer liegenden „Genießergruppe" ein Stück vor. Auch hierbei sollte die Orchesterleitung immer wieder Stillephasen einhalten.

Ostereier- und Nikolaus-Suche

Material:
Evtl. ein Korb mit Schoko-Ostereiern, der in einem Sack versteckt ist, bzw. ein Sack mit Schoko-Nikoläusen

Die zwei folgenden rhythmischen Sprachspiele wurden in Anlehnung an die bekannte „Löwenjagd“ entwickelt. Dabei werden die Textpassagen, wie beim Spiel „Tiger Raschnipur“ (siehe Seite 53f.), von der Erzieherin oder einem anderen Sprecher in kurzen Sequenzen vorgesprochen, welche die Kinder gleich wiederholen. Bei den Refrains gehen alle mitspielenden Kinder hintereinander im Kreis herum, zu Beginn jeder Strophe bleiben sie dann stehen und drehen sich zur Kreismitte hin, und zum Abschluss der einzelnen Strophen gehen sie durch die Kreismitte und suchen sich auf der anderen Seite einen neuen Platz. Soweit die Kinder es können, stellen sie zudem pantomimisch die im Text geschilderten Dinge dar. Als Überraschung kann man auch den in den Liedtexten genannten Korb bzw. Sack mit Schoko-Ostereiern oder Schoko-Nikoläusen ins Spiel bringen!

Die Ostereier-Suche
Bemerkung: Die Passage „Doch halt, was ist das? …“ spricht die Erzieherin, der sich anschließende Text: „Man kommt nicht drüber weg …“ wird dann jeweils von allen gleichzeitig gesprochen bzw. gesungen!

Refrain:

„Wir gehn auf Eiersuche!	hintereinander im Kreis gehen und mit den Händen ein Ei darstellen
Wir sind sehr gut darin!	auf die eigene Schulter klopfen
Wir haben eine Lupe dabei,	mit Daumen und Zeigefinger eine Lupe darstellen und hindurchgucken
damit finden wir jedes Ei!“	selbstbewusstes Abwinken

1. „Doch halt, was ist das? Ein Hühnerstall!
   Man kommt nicht drüber weg, man kommt nicht drunter durch, man kommt nicht drum herum. Wir müssen mittendurch! Und das geht so: Gack, gack, gack …“

2. „Doch halt, was ist das? Ein riesiges Osternest!
   Man kommt nicht drüber weg, man kommt nicht drunter durch, man kommt nicht drum herum. Wir müssen mittendurch! Und das geht so: Stampf, stampf …“

3. „Doch halt, was ist das? Ein riesengroßes Spiegelei!
   Man kommt nicht drüber weg, man kommt nicht drunter durch, man kommt nicht drum herum. Wir müssen mittendurch! Und das geht so: Mampf, mampf …“

4. „Doch halt, was ist das? Viele Osterhasen!
   Nix wie hinterher!! Hüpf, hüpf, hüpf …“

5. „Doch halt, was ist das? Upps, ein Beutel!
   Da scheint etwas drin zu sein! Kommt mal ganz nah zusammen und setzt euch hin! Jeder darf mal hineingreifen …“

Die Nikolaus-Suche

Bemerkung: Die Passage „Oh, was ist das? …“ spricht die Erzieherin, der sich anschließende Text: „Da müssen wir mittendurch …“ bzw. „Kommt, wir setzen uns drauf …“ usw. wird dann jeweils von allen gleichzeitig gesprochen bzw. gesungen!

Refrain:

„Wir suchen jetzt den Nikolaus,	die Hand wie zur Suche vor die Stirn halten und den Blick umherschweifen lassen

der hat eine Mütze auf.	die Hände in Form einer Mütze auf den Kopf legen
Er hat 'nen roten Mantel an	pantomimisch einen Mantel anziehen
und einen schweren Sack – Zack!"	pantomimisch einen Sack über die Schulter werfen

1. „Oh, was ist das? Das ist ein dunkler Tannenwald!
   Da müssen wir mittendurch! Und das geht so: Pieks, pieks, pieks …"

2. „Oh, was ist das? Das ist ein Schlitten!
   Kommt, wir setzen uns drauf und fahren damit bergab! Und das geht so: Huiiiiii, huiiiii …"

3. „Oh, was ist das? Das ist ein riesiger Schneehaufen!
   Den müssen wir wegschieben! Jeder nimmt sich einen Schneeschieber. Und das geht so: Uff, uff, uff …"

4. „Oh, was ist das? Das ist ein Kamin!
   Da müssen wir durchklettern. Das wird sehr eng! Und das geht so: Knicks, knacks, knicks, knacks …"

5. „Oh, was ist das? Da klopft es, horch!
   Da ist der Nikolaus mit seiner Mütze, seinem roten Mantel und seinem Sack! Was hat er denn da drin? Kommt, lass uns mal gucken gehen …"

Mit der Atmung spielen

Bewegte Atemspiele

Atmung ist viel mehr als nur das reine Ein- und Ausatmen von Sauerstoff und Kohlendioxid. Eine richtige, natürliche Nasenatmung spielt für die Sprachentwicklung eine wesentliche Rolle. Immer mehr Kinder atmen aber durch den Mund ein und aus. Was unbemerkt beginnt, kann zu großen Problemen bei der Sprachentwicklung führen. Neben bewegten Spielen zur Ein- und Ausatmung werden im Folgenden fantasievolle Spiele zum Riechen, Pusten, Saugen und Summen vorgestellt. Alle Ideen trainieren die Mundmuskeln und die bewusste Atmung sehr spielerisch und bringen jede Menge Spaß. Trotzdem ersetzen sie natürlich nicht eine eventuell logopädisch notwendige Therapie für hartnäckige Mundatmer!

Wenn Kinder noch keine Erfahrung mit Atemspielen haben, dann ist es sinnvoll, mit ihnen kurz über die Atmung zu sprechen. Was ist die Einatmung, was die Ausatmung? Dabei zeigen sich die Kinder meist sehr interessiert an der Darstellung der so gesunden Bauchatmung, die man in Rückenlage mit einem auf den Bauch gelegten Luftballon oder Teddy gut beobachten kann. Wenn man ganz schnell läuft, dann wechselt man zur Brustatmung. Warum atmen wir überhaupt? Weil wir mit der eingeatmeten Luft allen Organen und Muskeln im Körper frischen Sauerstoff zuführen, den sie zum Arbeiten brauchen! Was kann man mit der Luft noch so alles anstellen? Diese Frage lässt sich gut mit kleinen Hilfsmitteln (z. B. Parfümflasche, Luftballon, Seifenblasen, Handspiegel, Strohhalm, Flüstertüte etc.) beantworten. Schnell werden damit alle weiteren bekannten Atemfunktionen entdeckt (also das Riechen, Pusten, Blasen, Hauchen, Ein- bzw. Ansaugen, Summen, Sprechen oder Singen).

Achtung: Wenn Kinder bei Pustespielen besonders motiviert und begeistert bei der Sache sind und dann sehr schnell atmen, kann es zu einer Hyperventilation (Überatmung) kommen. Hierbei wird dem Körper in kurzer Zeit so viel Sauerstoff zugeführt, dass er diesen gar nicht mehr verarbeiten kann. Der viel zu hohe Sauerstoffgehalt im Körper führt dann zu Schwindel, und in dieser Notsituation befiehlt das Gehirn allen Muskeln, kurz eine Pause einzulegen. Das äußert sich in einer Ohnmacht des „Schnellatmers“, damit sich die Atmung auf diese Weise wieder normalisiert. Um einer solchen Ohnmacht vorzubeugen, sollte man einem hyperventilierenden Kind, dem man die sehr hektische Atmung schnell anmerkt, eine Tüte vor Mund und Nase halten. Damit atmet es die schon einmal von ihm ausgeatmete Luft immer wieder ein, und da diese „Tütenluft“ schon ein kleines bisschen Kohlendioxid enthält, normalisiert sich der hohe Sauerstoffgehalt im Körper sehr schnell wieder und das Kind atmet bald wieder ruhig und gesund! Wenn sich eine Besserung einstellt, wird die Tüte natürlich wieder entfernt! Dass jeder sonstige Gebrauch von Tüten vor Nasen und Mündern zur Erstickung führen kann, erklärt sich von selbst! Also: Achtung bei Wettpustespielen!

Riechdosen-Memory

Material:
Filmdosen, Watte, Duftöle, evtl. Musik

Zur Herstellung der Riechdosen wird mit Duftöl geträufelte Watte in leere Filmdosen gefüllt (diese bekommt man in Fotogeschäften in der Regel umsonst). Dann wird entweder jeweils ein gleicher Duft in zwei Dosen gefüllt (für das herkömmliche Memoryspiel) oder aber man stellt eine größere Anzahl von Dosen mit dem gleichen Duft her (für das Großgruppen-Memory). Jedes Kind erhält nun ein geschlossenes Döschen. Anschließend werden zur Musik alle Dosen getauscht, und wenn die Musik stoppt, darf jedes Kind am eigenen und an den anderen Döschen schnuppern. Das Ziel des Spiels besteht darin, möglichst schnell den bzw. die jeweiligen „Duftpartner“ zu finden. Je mehr verschiedene Düfte bei dem Spiel benutzt werden, desto schwieriger ist es natürlich, seinen bzw. seine „Duftpartner“ zu finden.

Duftbilder

Material: Filmdosen, Watte, Duftöle, Papierblätter mit Bildern der Duftobjekte, evtl. Musik

Zunächst werden, wie beim obigen Spiel, Riechdosen hergestellt. Dann erhält die eine Hälfte der Gruppe die Riechdöschen und die andere Hälfte Bilder der verschiedenen Gegenstände, deren Düfte auf die Watte geträufelt wurden. Zur Musik werden nun jeweils alle Bilder und alle Döschen innerhalb der Gruppen untereinander getauscht. Wenn die Musik abbricht, haben die Kinder mit den Riechdosen die Aufgabe, schnell das zu dem jeweiligen Duft gehörende Bild zu finden (also z. B. Zitronenduft – Zitronenbild usw.). Danach tauschen die beiden Gruppen die Bilder und die Döschen, und das Spiel beginnt von vorn!

Die Riechdetektive

Material: Chiffontücher, ein beliebter Duft

Zwei Kinder übernehmen die Rolle der „Detektive“ und gehen kurz vor die Tür. Alle anderen erhalten ein Chiffontuch und verteilen sich damit im Raum. Dann werden zwei dieser Tücher mit dem Duft besprüht, und alle Kinder beginnen ihre Tücher zu bewegen. Sobald die Detektive nun wieder den Raum betreten, sollen sie möglichst schnell die beiden Riechtücher herausfinden. Beim nächsten Durchgang werden dann zwei andere Mitspieler zu Detektiven ernannt usw.

Das Atem-Mobil

Material:
Evtl. Seilchen

Zu Beginn dieses Spiels verwandeln sich alle Kinder in Autos. Diese Autos werden aber nicht mit Benzin, Diesel oder Erdgas betrieben, sondern mit Ausatmungsluft. Demnach bewegen sie sich auch nur, wenn die Kinder ausatmen (anfangs ganz bewusst ohne, später auch mit Atemgeräuschen). Sobald kein „Treibstoff" mehr da ist, bleibt jedes Auto sofort stehen und tankt erst einmal wieder durch Einatmen gründlich mit Sauerstoff auf. Wenn alle Autos auf diese Weise gut auf der Straße zurechtkommen, können zusätzlich ganz enge Gassen gebaut werden (Seilchen entsprechend auf dem Boden verteilen), über die sie dann fahren können. Bei Gegenverkehr in einer engen Gasse dreht eines der Autos kurzerhand um.

Erbsenrennen

Material:
Trockene Erbsen, dünne Strohhalme, Plastikschalen

Bei diesem Erbsenrennen bilden die Kinder zunächst mehrere Mannschaften. Die Mitglieder einer jeden Mannschaft stellen sich in einer Reihe hintereinander auf. Alle Kinder halten in der rechten Hand eine Schale und in der linken einen möglichst dünnen Strohhalm. In die Schale des am vordersten Platz stehenden Kindes jeder Mannschaft wird nun eine Erbse gelegt. Diese Erbse sollen die Kinder nach einem vom Spielleiter gegebenen Startzeichen möglichst

schnell nach hinten, zum Schlussmann in ihrer Reihe, bewegen, indem sie sie durch Ansaugen mit dem Strohhalm von einer in die nächste Schale befördern. Das Erbsenrennen hat diejenige Mannschaft gewonnen, welche als Erste ihre Erbse im hintersten Schälchen liegen hat.

Variation:
Sobald sich die Erbse in der hintersten Schale befindet, rennt der Schlussmann nach vorne und lässt die Erbse von dort aus erneut auf die Reise nach hinten gehen. Gewonnen hat dann bei dieser Variante die Mannschaft, welche zuerst wieder in der ursprünglichen Reihenfolge steht.

Auf gehts in den Urlaub!

Material:
Aus Papierbögen, Zeitschriften oder Katalogen ausgeschnittene Kleidungsstücke, pro Kind ein Strohhalm, ein kleiner Kinderkoffer

Bei diesem Stuhlkreisspiel bekommt das bekannte Spiel „Koffer packen“ einen neuen Schliff! Zunächst wird der geöffnete Kinderkoffer in der Mitte des Stuhlkreises platziert und alle Papierkleidungsstücke werden um ihn herum auf dem Boden verteilt. Dann erhält jedes Kind einen Strohhalm. Als Nächstes sucht sich nun einer der Mitspieler von den auf dem Boden liegenden Kleidungsstücken das für ihn schönste aus und sagt z. B.: „Wenn wir in den Urlaub fahren, nehmen wir das rosa T-Shirt mit.“ Daraufhin saugt das Kind das entsprechende Kleidungsstück mit dem Strohhalm an und transportiert es auf diese Weise in den Koffer. Das nächste Kind verfährt mit einem von ihm ausgesuchten Kleidungsstück ebenso, sagt aber dann: „Wenn wir in den Urlaub fahren, nehmen wir das rosa T-Shirt und die kurze blaue Sporthose mit.“ Jedes weitere Kleidungsstück, das in den Koffer wandert, wird somit von dem folgenden Mitspieler an die immer länger werdende Liste angehängt. Haben alle Kinder ein Kleidungsstück in den Koffer gepackt, dann wiederholt die ganze Gruppe zusammen noch einmal, was sich jetzt alles in dem Koffer befindet, bevor er geschlossen wird.
Nun beginnt der Flug, die Bahnfahrt, die Busfahrt oder die Fahrt mit dem Auto: Dabei bewegen sich alle Kinder entsprechend durch den Raum und geben den Koffer von einem zum anderen weiter. Sobald das Ferienziel erreicht ist, setzen sich alle wieder in den Stuhlkreis und überlegen, ob sie noch wissen, was alles im Koffer ist. Danach wird dieser geöffnet, und jedes Kind holt das von ihm eingepackte Kleidungsstück mithilfe des Strohhalms wieder heraus. Um das Spiel abzurunden, können die Kinder zum Schluss noch ein Männchen auf Papier malen, dem sie dann ihr Kleidungsstück aufkleben.

Pustemäuse und Schlürf-o-fanten

Material: Mit Mäusen oder Elefanten bemalte laminierte Papierblätter oder Spielkarten

Jedes Kind erhält zu Beginn eine laminierte Karte bzw. ein laminiertes Papierblatt, auf der bzw. dem entweder eine Maus oder ein Elefant aufgemalt wurde. Dann wird die folgende Spielregel besprochen: Zur Musik bewegen sich alle durch den Raum und tauschen dabei untereinander ihre Karten. Beim Musikstopp holen alle Mäuse kräftig Luft und pusten möglichst lange. Die Elefanten hingegen pusten ihre Restluft heraus und schlürfen möglichst ausdauernd neue Luft ein. Bevor die Musik erneut startet, sollten sich die beiden großen Tierfamilien zusammengefunden haben.

Mooooo-Fangen

Die Dauer dieses recht ungewöhnlichen Fangspiels wird vom jeweiligen Lungenvolumen und der Länge der Ausatemzeit des Fängers bestimmt. Dieser darf nämlich nur so lange andere Kinder fangen, wie er verständlich das Wort „Mooooo“ äußern kann. Die Anzahl der bis dahin gefangenen Läufer kann man z. B. in eine Tabelle eintragen, oder der jeweils abgeschlagene Läufer wird zum nächsten Fänger, der dann sein Glück versuchen darf.

Luftmatratzen-Kinder

Bei diesem Spiel werden die Muskeln kräftig angespannt und danach wieder entspannt. Dies erreichen die Kinder, indem sie im Liegen ihre Muskeln (erst einzelne Muskelgruppen, später alle Muskeln gleichzeitig) andeutungsweise langsam mit dem Mund aufpusten. Nach und nach werden sie so immer „dicker“. Sobald keine weitere Luft mehr in die Muskeln passt, diese also maximal angespannt sind, wird die Luft mit lautem Zischen wieder aus den Muskeln herausgelassen. Danach sollte unbedingt eine kleine Entspannungspause eingelegt werden, bevor es mit dieser dem Prinzip der progressiven Muskelentspannung nachempfundenen Übung weitergeht.

Federrakete

Material:
Pro Kind ein Strohhalm und eine Daunenfeder

Um sich mit der Federrakete vertraut zu machen, steckt jedes Kind seine Daunenfeder (die man im Bastelladen auch bunt erhalten kann) mit dem Schaft so weit in den Strohhalm, das sie gut darin hält. Dann pusten alle die Feder hoch in die Luft oder weit von sich weg. Werden alle Federraketen von einer Startlinie aus fest nach vorne gepustet, dann kann damit die beste Rakete ermittelt werden.

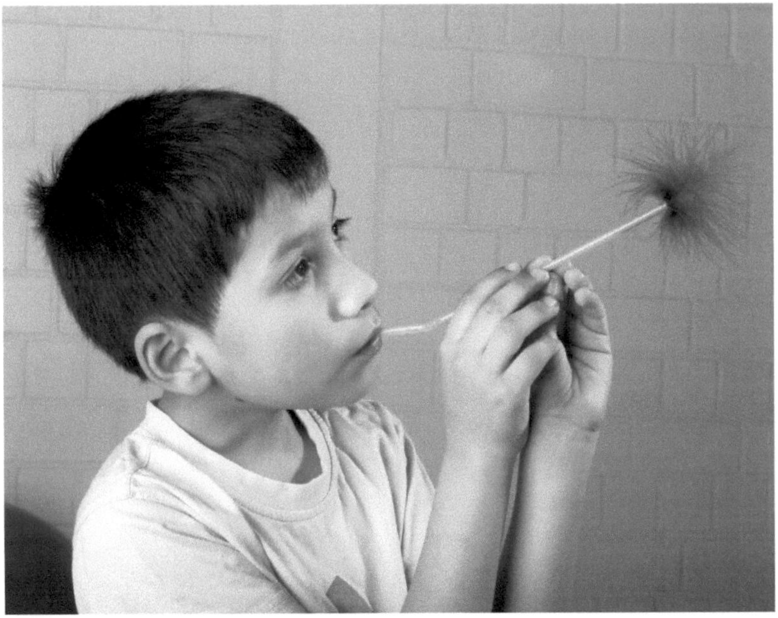

Ballonmännchen

In Anlehnung an das Spiel „Luftmatratzen-Kinder“ (siehe Seite 66f.) geht es auch beim „Ballonmännchen“ um aufgeblasene (d. h. stark angespannte) Muskeln. Jetzt spielen aber jeweils zwei Kinder zusammen. Eines davon bläst das Ballonmännchen, d. h. seinen Spielpartner, auf und führt es so durch den Raum. Dabei sollten möglichst viele Muskeln des Ballonmännchens angespannt werden. Zusätzlich sollten auch die Wangen mit Luft gefüllt sein, sodass sich nun ein richtig dickwangiges Männchen durch den Raum bewegt. Sobald das Ballonmännchen aber lachen muss, verliert es seine gesamte Luft, entspannt dabei die Muskeln und bleibt auf dem Boden liegen. Ziel der Übung ist es, möglichst lange als Ballonmännchen durchzuhalten. Wichtiger Tipp: Vor lauter Begeisterung und Anspannung vergessen die Kinder bei diesem Spiel hin und wieder das Atmen. Der Spielleiter sollte sie also ab und zu daran erinnern.

Mundakrobaten

Spiele zur Förderung von Artikulation und Mundmotorik

Das folgende Kapitel möchte ich ganz ungewöhnlich beginnen, und zwar mit meinem Lieblingswitz, der ungemein gut zum vorliegenden Thema passt:

Der Bus nach Husum

Ein Hinweis zur Vortragsweise: In diesem Witz versucht ein Mann, Kontakt mit einem Busfahrer aufzunehmen. Immer, wenn Sie als Erzähler dieses Witzes den Mann spielen, verengen Sie mit den beiden flach auf den Wangen liegenden Händen die Lippen zu einem ganz schmalen Mund. Der Busfahrer hingegen spricht ganz normal!
Hier also nun der Witz:
Mann: „Ist das der Bus nach Husum?“
Busfahrer: „Entschuldigung, ich habe Sie nicht verstanden!“
Mann: „Ist das der Bus nach Husum?“
Busfahrer: „Könnten Sie bitte ein wenig deutlicher sprechen?“
Mann, ganz langsam: „Ist das der Bus nach Husum?“

Busfahrer: „Ja, das ist der Bus nach Husum!"
Mann: „Könnten Sie dann bitte die Tür noch einmal öffnen?"

Diesen Witz gebe ich regelmäßig zum Besten, wenn bei Fortbildungen der Schwerpunkt „Artikulation und Mundmotorik" thematisiert wird – und das nicht nur deshalb, weil ich ihn witzig und gut passend finde, sondern vor allem, um das „Eis" bei diesem Thema etwas zu brechen. Es gibt nämlich nicht wenige Erzieherinnen und Erzieher bzw. Lehrerinnen und Lehrer, die den Mund eher ungern „fratzenmäßig" verziehen! Da Kinder jedoch emotional und bewegt am besten lernen, schlaffe Mundmuskeln zu trainieren, und wir Kinder mit Artikulations- oder Mundmotorikproblemen auf spielerische Weise und in einer bekannten Umgebung sehr effektiv fördern können, sollte möglichst jeder über den eigenen Schatten springen und sich bei den folgenden Spielen nicht davor scheuen, auch selbst mal eine „Fratze" zu ziehen.

Die Motz-Zisch-Summ-Puste-Schnarch-Insel

Material: Kleine Federn

Bei diesem Spiel werden die vier Ecken des Raumes nach und nach in bestimmte Inseln verwandelt. Dazu treffen sich alle Kinder zunächst in jeder Ecke, und die Spielleiterin gibt vor, was in der betreffenden Ecke gemacht werden soll. Auf der Motz-Insel dürfen z. B. alle Kinder nach Herzenslust leise oder laut „motz, motz, motz!" sagen. Auf der Zisch-Insel zischeln alle ein „sss" oder „zzz". Die Summ-Insel erlaubt dagegen nur ein leises Summen, und auf der Puste-Insel versucht jeder, eine kleine Feder pustend in der Luft zu halten. In der Raummitte befindet sich die Schnarch-Insel. Dort legen sich alle auf den Boden und schnarchen lauthals. Sobald die Kinder die verschiedenen Inseln kennengelernt haben, laufen sie kreuz und quer durch den Raum. Immer, wenn die Spielleitung nun den Namen einer der fünf Inseln ruft, versuchen alle, möglichst schnell dorthin zu kommen und den entsprechenden Laut von sich zu geben. Zum Abschluss des Spiels dürfen alle Kinder ihre Lieblingsinsel besuchen.

Familie Protz und Familie Motz

Material: Laminierte Karten oder Papierblätter, Musik

Zunächst wird für jedes Kind eine kleine laminierte Karte oder ein laminiertes Papierblatt vorbereitet, auf der bzw. dem entweder ein lachendes oder ein wütendes Gesicht zu sehen ist. Dann erhält jeder Mitspieler eine solche Karte bzw. ein solches Blatt, und alle bewegen sich zur Musik durch den Raum. Sobald die Musik stoppt, spielt jedes Kind pantomimisch das Gefühl nach, das auf seiner Karte abgebildet ist. Dies dient dazu, dass sich alle Mitglieder der beiden Familien (also der lachenden Familie Protz und der wütenden Familie Motz) möglichst schnell finden.

Variationen:
Während die Musik ertönt, können die Mitspieler ihre Karten untereinander tauschen. Sind die Kinder schon etwas älter, dann können weitere Familien bzw. Gesichtsausdrücke hinzugenommen werden (also z. B. Familie Schreck, Familie Staun, Familie Müd, Familie Angst usw.)

Waldspaziergang

Material: Evtl. ein Baumwolltuch oder eine Augenbinde

Alle mitspielenden Kinder verteilen sich im Raum und suchen sich einen Platz, an dem sie in allen Richtungen Armfreiheit haben. Dann spielen sie Bäume, die sich im Wind hin- und herbewegen und lautieren dabei leise und ständig das Windgeräusch „schschsch". Einer der Mitspieler darf nun blind (d. h. mit geschlossenen Augen, einem Baumwolltuch über dem Kopf oder einer Augenbinde) durch den Wald gehen. Sobald er nahe an einen Baum kommt, darf das jeweilige „Baumkind“ sein Windgeräusch lauter machen, damit der Spaziergänger nicht gegen diesen Baum läuft.

Variation:
Man kann auch eine schwierigere Variante des Spiels ausprobieren, indem gleich mehrere Kinder zur selben Zeit blind durch den Wald gehen.

Mundakrobaten-Trainingslager

Alle Kinder gehen durch den Raum. Dabei bekommen sie immer wieder Fragen gestellt (z. B. nach ihrem Lieblingsessen, ihrer Lieblingsfarbe oder ihrem Lieblingsspiel), die sie aphon, d. h. stimmlos, beantworten sollen. Demnach dürfen sie also nur ganz deutlich die Lippen bewegen. Bei dem Signal „Stopp!“ frieren die dabei entstehenden „Grimassen“ kurz ein und einige Kinder nennen nun laut ihre Antwort, sodass man nun die jeweilige Grimasse wiedererkennen kann.

Mundakrobaten-Quiz

Für dieses Spiel werden gute Mundakrobaten und Mundbeobachter benötigt. Die Kinder werden zunächst in zwei Mannschaften eingeteilt. Dann setzt sich jede Gruppe so vor ein Fenster, dass alle hinaussehen können, während ein Mitglied aus jeder Mannschaft nach draußen geht und sich dort vor das Fenster stellt.

Die Spielleiterin nennt den beiden draußen vor dem Fenster stehenden Kindern abwechselnd einen Begriff, den diese ihrer jeweiligen Mannschaft nur mittels deutlicher Lippenbewegung durch das Fenster vormachen sollen. Sobald jemand aus der Gruppe von drinnen den Begriff errät, bekommt die entsprechende Mannschaft einen Punkt.

Eiswürfelchen-Fangen

Material:
Zwei Handschuhe, zwei Mützen

Zwei Kinder übernehmen die Rolle des Fängers und werden mit Mützen und je einem Handschuh ausgestattet. Berührt bei dem anschließenden Fangspiel einer dieser Fänger ein Kind, so bleibt dieses stehen, verwandelt sich in ein Eiswürfelchen und lautiert ein „schschsch“. Zwei weitere Kinder können es erlösen, indem sie einen Kreis um dieses Kind bilden und „Tau, tau, tau!“ rufen.

Maschinen-Meister

Dies ist eine Abwandlung des bekannten Spiels „Fischer, Fischer, welche Fahne weht heute?“ Hierbei steht ein „Maschinen-Meister“ an einer Seite des Raums, und alle anderen Mitspieler stehen ihm mit möglichst großem Abstand an der anderen Wand gegenüber. Dann beginnen die Kinder laut zu rufen: „Maschinen-Meister, welche Maschine brauchst du heute?“ Der Maschinen-Meister entgegnet: „Die sch- (oder k-, p-, t-, s-, gr- usw.)-Maschine!“ Daraufhin machen alle Kinder das betreffende Geräusch nach und versuchen zugleich, auf die andere Seite des Raums zu wechseln, ohne vom Maschinen-Meister abgeschlagen zu werden. Alle Kinder, die von ihm erwischt wurden, werden dagegen zu Komplizen des Maschinen-Meisters und haben die Aufgabe ihm beim Fangen zu helfen.

Wichtiger Hinweis: Die Laute, die bei diesem Spiel benutzt werden, sollten vor Spielbeginn von allen Kindern noch einmal bewusst und in Ruhe ausprobiert werden.

Ich sehe was …

Das bekannte Spiel „Ich sehe was, was du nicht siehst!“ wird hier so variiert, dass Laute darin eine wichtige Rolle erhalten. Der Spielleiter ruft z. B. „Ich sehe was, was ihr nicht seht, und das beginnt mit ‚F‘!“ Dabei ist es wichtig, hier lautgetreu zu sprechen, demnach also kein „Efff“, sondern ein „Fhhh“ zu sagen. Alle Kinder laufen nun durch den Raum, suchen Gegenstände, die mit „F“ beginnen und stellen sich zu ihnen hin. Wer sich für den richtigen Gegenstand entschieden hat, darf anschließend die Rolle des Spielleiters übernehmen.

„De Zoch kütt!“ („Die Lok kommt!“)

Die Kinder stellen sich im Kreis auf und lassen mithilfe ihrer Stimmen eine Lok im Kreis herumfahren. Dabei wird der Laut „sch“ von einem zum anderen weitergegeben! Falls Kinder mitspielen, die Probleme haben, das „sch“ richtig zu sprechen, nehmen alle die Handkanten zu Hilfe, um mit ihnen beidseitig die Lippen zu einem Kussmund zu formen.

Natürlich kann die Lok jederzeit ihre Richtung ändern, kann mal über einen Berg, mal im Tal fahren (dazu auf die Zehenspitzen stellen oder in die tiefe Hocke gehen), oder sie fährt durch einen Tunnel (dazu die Hände „eiförmig“ vor den Mund halten). Es ist auch möglich, dass Züge vom Hauptbahnhof (dem Spielleiter) nur bis zu bestimmten anderen Bahnhöfen fahren (die als Zielbahnhof benannten Kinder rufen dann laut: „Angekommen!“), wo sie umdrehen und wieder zurückfahren. Oder aber der Zug transportiert eine wertvolle Fracht zu einem bestimmten Bahnhof (z. B. eine Gummibärchentüte). Mit kleineren Kindern lässt sich diese Geschichte schön „weiterspinnen“.

Variationen:

- Bevor die Lok an einem Kind vorbeifährt, muss dieses pantomimisch vor dem Gesicht die Bahnschranken schließen. Das geschieht, indem es beide Fäuste mit senkrecht ausgestreckten Zeigefingern hochhält und die Finger dann mit einem „bingbingbing!“ waagerecht schließt. Sobald die Lok vorbeigefahren ist, öffnet sich die Schranke wieder.
- Nach Schließung der Schranke bremst ein Auto („quieieietsch!“) und fährt natürlich erst wieder an („brumm!“), wenn die Lok vorübergefahren ist und die Schranke sich wieder öffnet.
- Ein Fußgänger kommt nach dem Auto an der geschlossenen Schranke an („latsch, latsch, latsch!“) und geht erst dann weiter („latsch, latsch, latsch!“), wenn auch das Auto weitergefahren ist.
- Solche Szenarien lassen sich bei diesem Spiel beliebig weiterspinnen!

Stille-Laute-Rennpost

Dieses Spiel wird als Pendelstaffel gespielt, wobei die Kinder in zwei Mannschaften aufgeteilt werden, die sich einander gegenüber postieren. Die ersten Läufer aus jeder Gruppe bekommen dann vom Spielleiter einen Laut ins Ohr geflüstert. Nach dem Startsignal laufen sie zur gegenüberliegenden Seite und flüstern dort ihrerseits dem nächsten Spieler diesen Laut ins Ohr. Für jeden Laut, den eine

Mannschaft am Ende einer Staffel richtig benennen kann, gibt es einen Punkt.

„Schnick, Schnack, Schnuck"-Fangen

Um dieses Spiel durchführen zu können, sollten die Kinder vorab das gleichnamige Partnerspiel kennenlernen. Dabei stehen sich zwei Kinder gegenüber, bewegen im Rhythmus jeweils eine Faust vor dem Körper von oben nach unten und sagen zeitgleich: „Schnick, Schnack, Schnuck". Nach dem letzten Kommando stellt jeder von ihnen mit der „Fausthand" pantomimisch entweder eine Schere, einen Stein oder ein Blatt Papier dar. Da man mit der Schere das Blatt schneiden kann, mit dem Stein die Schere schleift und mit dem Blatt den Stein einpacken kann, bekommt der jeweils „Stärkere" der beiden Spieler (hier der Erstgenannte mit Schere, Stein bzw. Blatt) einen Punkt. Das Spiel endet, wenn eines der beiden Kinder drei Punkte erreicht hat.
Das „Schnick, Schnack, Schnuck"-Fangen wird als Gruppenspiel durchgeführt. Dabei werden zunächst zwei Mannschaften gebildet. Vor jeder Spielrunde einigen sich die Mitglieder jeder Mannschaft auf den Gegenstand, den sie darstellen wollen. Nach kurzer Absprache positionieren sich die beiden Mannschaften einander gegenüber in zwei Reihen.
Alle sagen zeitgleich „Schnick, Schnack, Schnuck", sehen den Gegenstand der gegnerischen Mannschaft und reagieren dann blitzschnell, indem sie die Mitglieder der anderen Mannschaft zu fangen versuchen – aber nur, wenn sie selbst den „stärkeren" Gegenstand gezeigt haben. Wenn sie hingegen den „schwächeren" Gegenstand ausgewählt haben, also Gefahr laufen, von den anderen gefangen zu werden, müssen sie selbst möglichst schnell bis zu einer neutralen Zone laufen. Spieler, die gefangen werden, wechseln in die jeweils gegnerische Mannschaft.

Ein Tipp zum Üben des „sch-Lautes“: Da es in den meisten Gruppen Kinder mit „sch-Schwäche“ gibt, sollten alle anfangs die Wörter „Schnuck, Schnuck, Schnuck“ so sprechen, dass sie dabei mit den auf die Backen gelegten Außenkanten der flachen Hand die Lippen zu einem „Sch“-Kussmund formen. Das „Schnuck, Schnuck, Schnuck“ ist auf diese Weise einfacher zu sprechen.

Der „Schi, Scha, Scho“-Vormacher

Material:
Laufmusik

Weil Kinder sich so gern zu Musik bewegen, wird auch dieses Spiel als Musikstopp-Spiel durchgeführt. Zunächst laufen alle zur Musik durch den Raum. Sobald diese abbricht, wird ein Kind bestimmt, welches seine Lippen mithilfe der Handaußenkanten zu einem „Sch“-Kussmund formt (vgl. dazu die Anleitung im vorhergehenden Spiel) und dabei laut sagt: „Schi, Scha, Scho, ich mach das jetzt mal so!“ Daraufhin zeigt es eine Gymnastikübung, einen tollen Sprung, eine Bewegungsform mit einem Kleingerät o. Ä. Ist das Kind mit der kleinen Vorführung fertig, dann sagt es: „Schi, Scha, Schu, der Mund ist wieder zu!“
Alle anderen, die bisher zugesehen haben, wiederholen nun sowohl die beiden Sätze als auch die entsprechende Bewegung. Danach gehts zur Musik bis zum nächsten Stopp und der nächsten Bewegungsidee weiter.

Klicker, Klacker ...

Material:
Evtl. Walnüsse

Dieses Spiel eignet sich besonders dafür, den K-Laut spielerisch und rhythmisch zu üben. Dazu wird der folgende Text anfangs langsam und deutlich gesprochen, und zwar im Stehen, danach mit rhythmischem Händeklatschen (oder dem rhythmischen Zusammenschlagen von Walnüssen). Schließlich kann man als schwierigste Stufe zum Sprechen und Klatschen auch noch stampfen oder hüpfen.

„Klicker, klacker, klicker, klacker,	im Stehen sprechen bzw. dazu rhythmisch klatschen, stampfen oder hüpfen
knacke Nüsse, knacke wacker. Klicker, klacker, kluckeruss, kommt heraus 'ne schöne Nuss!"	mit den beiden ausgestreckten Armen vor dem Körper eine große Nuss darstellen

(mündlich überliefert)

Herr Stein

Material:
Ein kleiner Stein, der gut in eine Kinderfaust passt

Alle Kinder bewegen sich kreuz und quer durch den Raum. Dabei wird ein Stein immer wieder von einem zum nächsten Kind weitergegeben. Sobald der Spielleiter nun laut fragt: „Wo ist Herr Stein?", stellen sich alle vor dasjenige Kind, welches den Stein in diesem Moment in der Hand hält. Daraufhin sagen alle zeitgleich: „Kling, kleng, klein, wo ist Herr Stein, oben oder unten, wo mag er sein?" Das „Steinkind" schlägt dabei die Fäuste rhythmisch und abwechselnd übereinander. Alle Kinder dürfen dann raten, in welcher Faust sich der Stein befindet und erhalten, falls ihre Annahme richtig war, jeweils einen Punkt. Dann beginnt das Spiel von vorne.

Variation:
Neben „Kling, kleng, klein ..." können natürlich auch alle anderen Konsonanten im Anlaut der Wörter stehen (also z. B. „Pling, pleng, plein ...", „Ging, geng, gein ..." usw.).

Die Maus putzt das Haus

Die folgenden Reimverse werden von der Spielleiterin gesprochen. Die Kinder haben die Aufgabe, die Geschichte mit dem Mund und der Zunge pantomimisch zu begleiten.

„Das ist das Haus,	den Mund weit öffnen
drin wohnt die Maus.	die Zunge herausstrecken
Die putzt ihr Haus	die Zunge fährt im geschlossenen Mund herum
und schüttelt die Decken aus.	die Zunge außerhalb des Mundes auf- und abbewegen
Dann trägt sie den Teppich vors Haus,	die Zunge zusammen gerollt heraus strecken
dann geht sie wieder hinein	die Zunge fährt im geschlossenen Mund herum
und saugt die Stube rein.“	dazu macht das Kind Staubsaugergeräusche

(mündlich überliefert)

Gummibärchen-Genuschel

Material:
Pro Kind ein hartes Gummibärchen

Die folgende Übung ist eine Variante des bekannten Spiels „Onkel Otto ist krank“, bei dem man mit einem Korken zwischen den Zähnen gut artikulieren und dabei einem anderen erklären muss, an welcher Erkrankung Onkel Otto leidet. Die hier dargestellte Version ist gut für Kinder geeignet, weil sie zum einen sehr lustig ist und die Kinder zum anderen natürlich Gummibärchen sehr lieben.
Alle setzen sich zunächst in einen Stuhlkreis und halten Gummibärchen zwischen den Zähnen bzw. zunächst in der Hand. Dann wendet

sich eines der Kinder einem zweiten zu und fragt möglichst deutlich, was dieses gerne spielt. Das befragte Kind antwortet darauf auch möglichst deutlich. Hat der bzw. die Fragende die Tätigkeit verstanden, dürfen die beiden Gesprächspartner ihre Gummibärchen essen, und ein weiteres Kind stellt jemandem aus dem Kreis dieselbe Frage.

Annalotta Zunge zu Besuch im Kindergarten/in der Schule

Material:
Für jedes Kind ein Papiertaschentuch

Bei dieser „Zungen-Bewegungsgeschichte“ bekommt die Zunge viel zu tun! Der/Die Erzieher/in bzw. Lehrer/in erzählt folgende Geschichte:

„Stellt euch vor, euer Mund wäre unser Gruppenraum/unser Klassenzimmer, und eure Zunge wäre Annalotta Zunge, die unglaublich gerne sauber macht. Eure Zähne sind plötzlich Stühle, die Annalotta erst einmal von hinten abwischt. Putz jeden Stuhl, der auf dem Boden steht, mal von hinten ab! Vielleicht könnt ihr ja mal zählen, wie viele Stühle in eurem Mund-Gruppenraum stehen? Von vorne wischt Annalotta nur eben mal schnell drüber, und zwar von einer Ecke in die andere und schnell zurück. Danach kehrt sie den Boden. Das macht sie immer von den Stühlen weg Richtung Stuhlhalbkreismitte, und schließlich wischt sie den Boden auch noch, und zwar von der Mitte weg bis zu jedem Stuhl.
Danach hat sie sich erst einmal eine Pause verdient, legt sich ausgebreitet auf den Boden und summt ihr Lieblingslied. Aber wie sie so auf dem Boden liegt, sieht Annalotta, dass die äußersten Lampen an der Decke schmutzig sind. Da Annalotta außergewöhnlich gut springen kann, nimmt sie Anlauf und springt zu jeder der Lampen, die ganz außen hängen, und wischt darüber. Ganz außer Atem geht sie zum Fenster, öffnet es, guckt hinaus und genießt die frische Luft. Da

sie recht neugierig ist, guckt sie auch mal nach rechts und nach links, ob sie vielleicht Freunde sieht. Ja, potz Blitz, da sind ja richtig viele, denen winkt sie jetzt mal zu!
Genug gewunken, die Arbeit ruft. Die Fenster müssen noch von außen und innen geputzt werden. Erst einmal außen, da das Fenster ja noch offen steht, und das geht einmal von rechts nach links, von links nach rechts und dann von oben nach unten und umgekehrt. Jetzt wird noch mit einem Fensterleder (ein Taschentuch verwenden) trocken gewischt, und das Fenster strahlt, als wäre es neu (grinsen). Annalotta Zunge legt sich zufrieden auf den Boden und ruht sich aus!"
(nach einer Idee von Sunhild Sauck)

Variation:
Annalotta Zunge kann die Kindergartengruppe/Klasse natürlich auch beim Turnen, Kochen, Lesen oder Rechnen besuchen!

Das Schlangen-Abschiedsspiel

Dieses Spiel lässt sich gut am Ende des Kindergartenvormittags durchführen. Dafür bilden alle Kinder hintereinander eine lange Reihe und legen ihre Hände auf die Schultern des Vordermanns. Diese „Schlange" bewegt sich nun kreuz und quer durch den Raum, und alle sprechen dabei folgenden Text:
„Schli-, Schla-, Schlange, wo bleibst du so lange? Nach Haus, nach Haus, die/der (Name eines Kindes aus der Gruppe) geht nach Haus!"
Auf diese Weise wird die Schlange immer kürzer …

Variationsmöglichkeit
Für Gruppen, die noch nicht nach Hause gehen:
„Schli-, Schla-, Schlange, wo bleibst du so lange? Hinaus, hinaus, die/der (Name eines Kindes) geht hinaus!"

Wir gehen auf Wortschatzsuche!

Bewegte Spiele zur Wortschatzerweiterung

Zur Einführung für diesen Abschnitt möchte ich auf die im Einleitungskapitel dargelegten Informationen zum aktiven und passiven Wortschatz verweisen (siehe S. 16f.).

Wir gehen auf Wörtersuche

Material: Laminierte Papierblätter oder Blanko-Karten

Zur Vorbereitung des Spiels werden zunächst laminierte Papierblätter oder Blanko-Karten mit verschieden farbigen Formen oder Gegenständen bemalt. Dabei sollten ca. zehn verschiedene Formen bzw. Gegenstände gewählt werden. Als Alternative können die Gegenstände auch fotografiert oder Abbildungen von ihnen kopiert und die Kopien dann laminiert werden. Wichtig ist, dass jeder Gegenstand fünf- bis zwanzigmal gemalt, fotografiert oder kopiert wird. Dann werden alle Karten bzw. Blätter im Raum auf dem Boden verteilt.
Zu Beginn des Spiels bewegen sich die Kinder durch den Raum und sprechen:

„Wir gehn auf Wörtersuche, da sind wir Profis drin,
wir suchen sie an jedem Ort, denn so finden wir jedes Wort!“
Die Spielleiterin oder ein vorher bestimmtes Kind fährt dann fort:
„Doch halt, was ist das? Ich sehe einen roten Kreis!“
Das Kind bzw. die Spielleiterin nennt also irgendeinen der auf den Blättern bzw. Karten abgebildeten Gegenstände:
„Wer von euch sieht den gleichen Gegenstand?“
Alle Kinder, die eine Karte mit der Abbildung des gleichen Gegenstands im Raum finden, dürfen diese aufheben und behalten. Wenn alle Karten aufgehoben sind, werden die Begriffe noch einmal wiederholt. Falls weniger gleiche Karten im Raum verteilt sind als Kinder mitspielen, wird am Ende der beste Wortschatzsucher ermittelt. Auch er wiederholt alle Begriffe noch einmal.

Eine bewegte Seil-Geschichte

Bei diesem Gedicht lernen die Kinder auf spielerische Weise viele Verben. Alles, was dort angesprochen wird, lässt sich mit einem Springseil leicht in die Praxis umsetzen.

Material:
Pro Kind ein Seilchen

Mein Seil ist lang
Mein Seil ist lang,
ich kann drauf stehen.
Dann mach' ich es kurz,
und kann es drehen.
Ich kann es schlängeln,
wie ich will,
doch jetzt liegt mein Seil ganz still.
Ich kann es fassen und fallen lassen.

Mein Seil ist rund,
ich kann drin stehen.
Ich leg' es zusammen
und kann es drehen.
Ich sprin' drüber, wie ich will,
doch dann liegt mein Seil ganz still.
Ich kann es strecken
und schnell verstecken.

(Verfasser unbekannt)

Ich packe meinen Urlaubskoffer

Ein Kind im Stuhlkreis erzählt, wo es gerne einmal hinreisen möchte. Danach darf es drei bis fünf Kleidungsstücke nennen, die von anderen Kindern im Stuhlkreis getragen werden und die es gerne in seinen Urlaubskoffer packen würde. Die Kinder mit den genannten Kleidungsstücken stellen sich in einer Reihe hinter dem „Urlaubskind" auf und spielen so die Mitreisenden. Dann entscheidet sich das Urlaubskind für ein Fortbewegungsmittel (also Flugzeug, Bahn, Auto, Bus, Fahrrad etc.), das nun von allen Mitreisenden kurz gespielt wird. Im Urlaub angekommen, werden die Kleidungsstücke der Reihe nach wieder „ausgepackt", indem sie erneut benannt werden und die entsprechenden Kinder sich zurück auf ihren Platz setzen.

Gefunden!

Material:
Laminierte Papierblätter oder Blanko-Karten (alternativ: Memorykarten), ein DIN-A4-Briefumschlag

Zunächst werden die Papierblätter oder Blanko-Karten zur Vorbereitung mit einer Form, einem Gegenstand oder einer Zahl bemalt, und zwar je Gegenstand jeweils zwei Blätter bzw. Karten. Als Alternative kann man für dieses Spiel daher aber auch handelsübliche Memorykarten verwenden.
Dann wird von jedem Gegenstand jeweils ein Blatt bzw. eine Spiel- oder Memorykarte an den Wänden des Raumes befestigt. Die verbliebenen Doppel kommen in einen DIN-A4-Briefumschlag. Die Kinder stellen sich nun vor dem Spielleiter auf, der den gefüllten Umschlag hoch in die Luft hält und ganz langsam jeweils ein Blatt herauszieht. Sobald die Kinder meinen, eines der darauf abgebildeten Dinge erkannt zu haben, dürfen sie diesen Gegenstand laut nennen und sich ggf. auch immer wieder korrigieren. Wenn auf diese Weise ein Treffer gelandet ist, dann laufen alle Kinder zu dem Blatt bzw. der Karte an der Wand, auf der das Doppel abgebildet ist. Dort wird dann erneut der Name des Gegenstands genannt.

Variation:
Die Kinder laufen bereits zu dem entsprechenden Bild an der Raumwand, sobald sie meinen, den Gegenstand auf den Blättern bzw. Karten aus dem Briefumschlag erkannt zu haben. Natürlich dürfen sie auch dort noch ihre Entscheidung korrigieren.

Bewegte Kunstgalerie

Material:
Pro Kind ein leeres Papierblatt, viele Bunt- oder Wachsmalstifte, ein Seilchen, Musik

Bei diesem künstlerischen Musikstoppspiel werden zu Beginn alle Blätter in Wandnähe auf dem Boden verteilt. Mit dem Seilchen wird in der Raummitte ein Kreis gelegt, in dem alle Stifte Platz finden sollten.

Dann bewegen sich alle Kinder zur Musik durch den Raum, wobei sie aber weder die Blätter noch den Stiftekreis berühren dürfen. Wenn nun die Musik stoppt, gibt der Spielleiter oder eines der Kinder einen Gegenstand vor, der von allen jeweils auf ein Blatt gemalt werden soll, wozu sich die Kinder die Stifte aus dem Seilkreis holen. Haben alle diesen Gegenstand gemalt, dann werden die Stifte wieder in den Kreis zurückgelegt und die Musik beginnt aufs Neue.
Beim nächsten Musikstopp wird ein weiterer Begriff genannt, der nun nach vorheriger Absprache entweder auf das eigene oder auf ein fremdes Bild gemalt werden darf. Demnach gestaltet entweder jeder sein eigenes Bild, oder es entstehen viele Gemeinschaftsproduktionen. Die Bilder dürfen die Kinder später mit nach Hause nehmen.
Tipp: Statt Begriffe vorzugeben, kann auf diese Weise auch ein Liedtext veranschaulicht und aufs Papier gebracht werden. In diesem Fall malen die Kinder nach jeder Strophe das, was sie gehört haben.

Oma Ottis Dosenüberraschung

Material: Kleine, bunte Pappdosen, laminierte Blanko-Karten, ausreichend Spielmaterial (Bälle, Seile, Papprollen, Luftballons etc.), Musik

Zur Spielvorbereitung werden zunächst die Blanko-Karten mit Gegenständen bemalt, mit denen die Kinder spielen können (also z. B. ein Ball, Seil, Papprolle, Luftballon, Zeitung usw.). Dann wird jeweils eine Karte in eine Pappdose gegeben und die Dosen werden im Raum verteilt. Zudem ist es wichtig, entsprechend der Anzahl der Zeichnungen und der mitspielenden Kinder ausreichend Spielmaterial zur Verfügung zu halten.
Das Spiel beginnt, indem sich die Kinder zur Musik durch den Raum bewegen. Wenn die Musik abbricht, bilden die Kinder einen Kreis, und die Spielleiterin nennt die Farbe einer der Dosen. Ein Mitspieler öffnet daraufhin vorsichtig die entsprechende Dose und entnimmt die Karte. Dann wird im Kreis der richtige Begriff für den auf der Karte abgebildeten Gegenstand genannt. Die Karte wandert darauf-

hin im Kreis herum und jeder sagt „Das ist ein …“. Danach erhält jedes Kind diesen Gegenstand und darf sich damit zur Musik wieder durch den Raum bewegen.
Beim nächsten Musikstopp wird eine andere Dose geöffnet, und die Kinder lernen, wie beschrieben, auch diesen Gegenstand kennen. Sind alle Dosen geöffnet, dann wird am Ende der Stunde mit allen Materialien ein Bewegungsspiel durchgeführt. Besonders Staffelspiele eignen sich hierfür sehr gut.

Körperteil-Fangen

Alle Kinder, bis auf eines, stellen sich ungefähr in der Mitte des Raums in einer Reihe nebeneinander auf. Das verbliebene Kind übernimmt die Rolle des Fängers und stellt sich, der Gruppe gegenüber, an die Hallenwand. Die Kinder in der Mitte beginnen nun das Spiel und rufen: „Zeig mal auf ein Körperteil!“ Der Fänger reagiert darauf, indem er, wie verlangt, auf ein eigenes Körperteil zeigt. Die Gruppe muss nun möglichst schnell auch selbst auf dieses Körperteil zeigen und es benennen. In dem Moment aber, in dem der Fänger auf seinen Bauch zeigt, rufen alle anderen Kinder: „Der Fänger kommt!“ und ergreifen die Flucht. Sobald der Fänger ein Kind abgeschlagen hat, spielt dieses den neuen „Körperteilfänger“.

Kinder-Navigationssystem

Die Idee zu diesem Spiel stammt von meinem fünfjährigen Sohn, der während einer der für ihn sehr bekannten Autofahrten zur Oma unbedingt Navigationssystem spielen wollte und an den Stellen, wo eine Richtungsänderung erforderlich war, stets seine „Navi-Stimme“ zum Besten gab. Mittlerweile weiß er nun, wo rechts und links ist, weil

ich das wiederum mit meiner „Navi-Stimme“ beim Abbiegen fleißig eingebracht habe.
Eine bewegtere und umweltfreundlichere Art dieses Spiels kann man sehr einfach umsetzen: Zwei Kinder stellen sich hintereinander auf. Das vorne stehende Kind spielt dabei den Autofahrer, das hintere das Navigationssystem, welches den Fahrer (möglichst, ohne Unfälle zu bauen!) verbal durch den Raum lotst. Die Kleineren können sich dabei auch ganz ohne Richtungskenntnisse behelfen, indem sie z. B. sagen: „Geh zum Fenster, jetzt in Richtung Tür“ usw. Falls große Spielgeräte, Tische oder Stühle im Raum stehen, dürfen diese natürlich in die Autofahrt miteinbezogen werden.

Ich sitze auf dem rosaroten Sofa

Dieses Spiel wird im Stuhlkreis gespielt, in dessen Mitte zusätzlich drei freie Stühle sehr nah beieinander stehen und damit das „Sofa“ bilden. Falls vorhanden, werden drei rosarote Kissen auf die freien Stühle gelegt. Zu Spielbeginn darf sich eines der Kinder auf den mittleren Platz des rosaroten Sofas setzen und kurz überlegen, wovon es träumen möchte bzw. woran es gerade denkt. Dann beginnt dieses Kind z. B. wie folgt: „Ich sitze auf dem rosaroten Sofa und träume vom Spielplatz.“ Alle anderen sind nun aufgerufen, sich Gegenstände auszudenken, die gut zum Thema „Spielplatz“ passen. Wer möchte, darf dann schnell zu einem noch freien Platz auf dem Sofa, rechts oder links des „Sofakindes“, laufen, sich dort hinsetzen und sagen, was ihm zum jeweiligen Thema eingefallen ist, also z. B. „Ich bin die schnelle Rutsche!“ oder „Ich bin eine schöne Sandburg!“ Das „Sofakind“ darf sich nun aussuchen, welches der genannten Dinge ihm besser gefällt bzw. besser zu dem von ihm gewählten Thema passt. Danach wechselt es mit dem betreffenden Kind den Platz, und das neue „Sofakind“ beginnt wieder nachzudenken bzw. zu träumen!

Bierdeckel-Schatzsuche II

Dieses Spiel funktioniert ähnlich wie „Bierdeckel-Schatzsuche I" auf Seite 38. Zur Vorbereitung wird zunächst die Hälfte aller Bierdeckel mit Bildern bemalt oder beklebt. Dann werden alle Bierdeckel, also sowohl die unbemalten Blanko-Bierdeckel als auch die mit Bildern ausgestatteten Deckel, durcheinander in einem großen Quadrat auf dem Boden ausgelegt. Am besten eignet sich dafür eine Größe von 10 x 10 oder 15 x 15 Bierdeckeln.
Bei dem anschließenden Spiel versuchen nun jeweils zwei Kinder gemeinsam einen Schatz zu finden, der vorher vom Spielleiter unter einen der bemalten bzw. beklebten Bierdeckel gelegt wurde. Ein Kind spielt dabei den Schatzplanleser, das andere den Schatzsucher. Der Schatzplanleser bekommt vom Spielleiter den Bierdeckel gezeigt, unter dem der Schatz versteckt ist, und hat nun die Aufgabe, den Schatzsucher über die bemalten Bierdeckel verbal zum Schatz zu führen. Er sagt dem Schatzsucher z. B.: „Zuerst musst du zu dem grünen Haus, dann zu der Sonnenblume, danach zu dem bunten Zwerg" usw. Der Schatzsucher geht den Weg ab und wiederholt dabei die Markierungspunkte, wenn er sie erreicht hat: „Ich bin jetzt auf dem grünen Haus, hier ist die Sonnenblume" etc. Wenn er den letzten vorgegebenen Markierungspunkt erreicht hat, dann darf er den entsprechenden Bierdeckel hochheben und den gemeinsam gefundenen Schatz mit seinem Partner teilen.

Material:
Viele Bierdeckel (mindestens 100), Malstifte und/oder Material zum Bekleben, Kleber, kleine Gegenstände als Schatz (z. B. Aufkleber, Gutschein für Gummibärchen usw.)

Variationen:
Größere Schatzplanleser bekommen die Aufgabe, ihre Partner nur durch die Vorgabe von Richtungsanweisungen und die Nennung der Anzahl der zu überspringenden Bierdeckel von einem Markierungspunkt zum nächsten zu lotsen. Auch bei dieser Version des Spiels soll der Schatzsucher die Begriffe an den verschiedenen Markierungspunkten nennen. Natürlich sollten die verwendeten Begriffe dem

Sprachvermögen und dem Alter der Kinder angepasst sein. Für Schulkinder mit Englischkenntnissen lässt sich das Spiel auch gut auf Englisch spielen.
Sehr gewiefte Schatzsucher können sogar eine Gruppenschatzsuche durchführen: Dabei gibt es eine Schatzkarte, die eine Kontrollperson in der Hand hält, alle anderen Schatzsucher befinden sich jedoch vor der Tür. Es wird dann immer nur ein Schatzsucher in den Raum gebeten, der von einem bestimmten Startpunkt aus selbstständig einen Schritt auf einen beliebigen Bierdeckel machen darf. Die Kontrollperson gibt in diesem Fall nur eine Rückmeldung, ob der Schatzsucher richtig oder falsch gegangen ist. Jeder Schatzsucher hat dabei nur einen Versuch, geht dann wieder nach draußen zur Gruppe und gibt dort sein Ergebnis weiter. Daraufhin versucht der Nächste sein Glück, und auch er gibt seinen Erfolg bzw. Misserfolg an die gesamte Gruppe weiter. Auf diese Weise muss sich die Gruppe die Route bis zum Schatz selbstständig erarbeiten und nur, wenn alle konzentriert zusammenarbeiten, kann der Schatz gefunden werden!

„Ratz Fatz" – bewegt

Material:
Das Spiel
„Ratz Fatz"

Die bewegte Version des wahrscheinlich sowieso in jeder Einrichtung vorhandenen Spiels „Ratz Fatz" (HABA) lässt sich schnell und einfach erklären: Alle in diesem Spiel enthaltenen Holzteile werden entlang der Wände auf dem Boden verteilt. In der Raummitte sitzt der Spielleiter und liest eine der vielen „Ratz Fatz"-Geschichten aus dem Buch vor, welches dem Spiel beiliegt. Diese Geschichten sind für Kinder in verschiedensten Altersstufen geschrieben. Sobald einer der Holzgegenstände erwähnt oder beschrieben wird, dürfen diejenigen Kinder, die dieses Teil auf dem Boden finden, es zum Spielleiter bringen. Dieser legt das Teil vor sich hin. Wenn der Text zu Ende gelesen ist, versuchen alle, die eben gehörte Geschichte anhand der in der Raummitte aufgereihten Holzgegenstände noch einmal zu wiederholen.

Variation:

Man kann auch zwei Mannschaften gegeneinander spielen lassen. In diesem Fall ordnet der Spielleiter die gefundenen Gegenstände immer der jeweiligen „Findermannschaft“ zu und bestimmt somit am Ende das Siegerteam. Bei dieser Variante ist es sehr viel schwieriger, später die Geschichte in der richtigen Reihenfolge noch einmal zu erzählen, da sich die Kinder in ihrem Wettkampfeifer hauptsächlich auf die vorgelesenen Wörter und nicht auf den Zusammenhang der Geschichte konzentrieren.

Grammatik zum Anfassen!

Spiele zur Förderung grammatikalischer Fertigkeiten

„Es ist gut, dass kleine Kinder nicht wissen, wie komplex die deutsche Sprache ist, da sie sonst gewiss nicht mit einem so gesunden Optimismus beginnen würden, sie zu lernen." (Rosemarie Tracy) In

der Tat, die deutsche Grammatik hat es in sich, und wer sie nicht ganz nebenbei als Muttersprache lernt, hat damit oft so seine Mühen. Nicht genug damit, dass wir drei verschiedene Artikel vor Nomen setzen müssen und beim Konjugieren und der Mehrzahlbildung unzählige Ausnahmen haben; spätestens beim Deklinieren sitzen auch motivierte Deutschlerner verständlicherweise mit rauchenden Köpfen über den Büchern der deutschen Grammatik.
Bei Kindern, die in Deutschland leben, entwickeln sich die Grammatikkenntnisse zwar sehr viel einfacher, aber auch nicht von selbst. Um grammatikalische Fortschritte zu machen, brauchen sie gute Vorbilder, die ihnen im direkten Gespräch, beim Singen oder Vorlesen immer wieder ganz nebenbei die richtigen Artikel, Fälle oder Zeiten präsentieren. Die folgenden Bewegungsspiele werden zeigen, dass grammatikalische Förderung auch im Bewegungsraum hervorragend umgesetzt werden kann.

Spiele zum Erfassen von Silben

Als Einleitung zu den folgenden Silbenspielen empfiehlt es sich jeweils, die Namen der Kinder in der Gruppe im Rhythmus der Silben zu klatschen, zu stampfen oder zu hüpfen.

Silben-Quiz „1, 2 oder 3“

Material:
Drei Turnmatten, Kreide, viele Wäscheklammern, Musik

Zur Vorbereitung werden die drei Turnmatten nebeneinander im Raum ausgelegt und mit Kreide nummeriert. Dann beginnen alle Kinder, sich zur Musik frei im Raum zu bewegen. Wenn die Musik stoppt, fragt der Spielleiter z. B. „Wer weiß, wie viele Silben das

Wort ‚TOMATE' hat?" Die Kinder sprechen das Wort laut nach und stellen sich daraufhin auf die Matte, die ihrer Meinung nach das richtige Ergebnis der Frage zeigt. Alle Kinder, die die richtige Matte ausgewählt haben, dürfen sich zwei Wäscheklammern nehmen, die anderen bekommen eine Wäscheklammer. Alle Klammern werden daraufhin an den eigenen Kleidungsstücken befestigt, und das Spiel beginnt zur Musik von vorne. Zum Abschluss des Spiels wird durch Zählen der Wäscheklammern der Sieger ermittelt, oder die Klammern werden zu einer fetzigen Musik kräftig „abgetanzt".

Silbenkönig, wie viele Schritte darf ich gehen?

Material:
Evtl. Memorykarten

Hier erhält ein altbekanntes Bewegungsspiel („Fischer, Fischer, wie tief ist das Wasser?") einen neuen, grammatikalisch orientierten Schliff. Der Silbenkönig bzw. die Silbenkönigin positioniert sich an einer Wand des Raumes und erhält ggf. Memorykarten, alle anderen Kinder stellen sich nebeneinander an der gegenüberliegenden Wand auf. Dann beginnt das Spiel mit der Frage: „Silbenkönig/in, Silbenkönig/in, wie viele Schritte darf ich gehen?" Der König bzw. die Königin antwortet: „So viele Schritte, wie das Wort ‚Kindergarten' (oder ein anderer Begriff bzw. eine Bezeichnung für einen auf den Memorykarten abgebildeten Gegenstand) Silben hat!" Alle Kinder sprechen daraufhin das genannte Wort zusammen laut und langsam nach und klatschen dazu die Silben. Erst, nachdem man sich über die Anzahl der Silben endgültig einig ist, dürfen die Kinder die entsprechende Anzahl an Schritten oder Hüpfern nach vorne gehen bzw. hüpfen. Wer zuerst die Wand des Silbenkönigs bzw. der Silbenkönigin berührt, darf im nächsten Durchgang dessen/deren Rolle übernehmen.

Spiele zum Erlernen von Präpositionen

Wenn ich morgen wiederkomme!

Dieses Spiel kann gut im Gruppenraum gespielt werden, da Stühle und Tische als Materialien hierfür perfekt sind. Ein König bzw. eine Königin mit einer Krone verlässt zunächst den Raum und sagt dabei

zum zurückbleibenden Volk: „Wenn ich morgen wiederkomme, möchte ich, dass ihr alle neben (bzw. unter, auf, hinter, vor) den Stühlen (bzw. Tischen) steht (bzw. sitzt, liegt usw.)!“ Daraufhin verlässt der König bzw. die Königin den Raum und wartet einen Moment lang draußen. Dann klopft er/sie laut und deutlich an die Türe und wird wieder hereingelassen. Nach einer freundlichen Begrüßung beiderseits kontrolliert der König bzw. die Königin, ob das Volk die Aufgabe zufriedenstellend erfüllt hat. Dann übergibt „Ihre Hoheit“ ihre Krone an ein weiteres Kind, und das Spiel beginnt erneut.

Schlangen-Navigationssystem

Auch dieses Spiel sollte im Gruppenraum gespielt werden, weil die Tische und Stühle dort sehr gut dafür genutzt werden können. Alle Kinder bis auf eines stellen sich zu Beginn hintereinander in einer Reihe auf und bilden somit eine Schlange. Der Schwanz der Schlange (also das hinterste Kind) nennt nun dem verbliebenen Kind (dem „Navigationssystem“) leise und für die anderen nicht hörbar einen geheimen Ort im Raum, zu dem es gerne geführt werden möchte. Das Navigationssystem geht daraufhin zum Kopf der Schlange und leitet die gesamte Schlange über einen großen Umweg zu dem verabredeten Ort. Dabei sollen nach Möglichkeit die im Raum herumstehenden Stühle und Tische miteinbezogen werden, z. B. durch Kommandos, wie „Krabbelt unter dem Tisch hindurch!“, „Steigt über den Stuhl!“, „Schleicht neben dem Schrank entlang!“ usw.

Spiele zum Erlernen von Einzahl und Mehrzahl

Einzahl-Mehrzahl-Staffel

Material:
Memorykarten, auf denen bekannte Motive abgebildet sind

Die mitspielenden Kinder werden zunächst in zwei Mannschaften eingeteilt. Jede Mannschaft erhält anschließend die Hälfte der vorhandenen Memorypaare. Dann werden diese Memorykarten in beiden Mannschaften so aufgeteilt, dass eine Karte jedes Paares mit der Bildseite nach unten auf einem Stapel vor der Mannschaft liegt, während die anderen Karten an der gegenüberliegenden Wand des Raums sichtbar nebeneinandergelegt werden.
Nach dem Startzeichen drehen die ersten zwei Läufer aus jeder Gruppe die jeweils erste Karte des Stapels um, laufen mit ihr zur Wand, holen dort die dazugehörige Memorykarte und laufen dann mit beiden Karten zum Spielleiter, der in der Mitte zwischen beiden Mannschaften sitzt. Ihm soll der Spieler nun die Bezeichnung des jeweiligen Motivs auf den Karten in der Ein- und in der Mehrzahl ins Ohr flüstern.
Wurde die Mehrzahl richtig gebildet, dann darf das Kind zur eigenen Mannschaft laufen, auch dort den Begriff in der Einzahl und der Mehrzahl nennen und erst, wenn alle Mitglieder der Mannschaft dies laut wiederholt haben, darf das zweite Kind aus dem Team die nächste Karte des Stapels aufdecken, das Gegenstück an der anderen Hallenwand suchen usw.
Gewonnen hat diejenige Mannschaft, die als Erste alle ihre Karten sortiert hat. Am Schluss werden die schwierigsten Wörter aus dem Spiel mit der gesamten Gruppe noch einmal in der Ein- und Mehrzahl wiederholt.

Variation:
Auch bei diesem Spiel lassen sich gut Karten mit Gegensatzpaaren einsetzen, zudem ist es ebenso für eine Kleingruppe oder für das Spiel mit nur einem Kind geeignet. Bei älteren Kindern können die an der gegenüberliegenden Wand befindlichen Karten natürlich auch verdeckt ausgelegt werden. Man kann auch die Regel aufstellen, dass immer nur eine der an der Wand ausgelegten Karten aufgedeckt werden darf. Deckt der Mitspieler dann bei diesem einen Versuch eine falsche Karte auf, so muss er zu seiner Mannschaft zurücklaufen, übergibt die Karte, mit der er unterwegs war, einem seiner Teamkollegen und nennt dabei möglichst den Platz des anderen Motivs, das er eben umgedreht hat. In diesem Fall versucht also die gesamte Gruppe, sich die Plätze der Motive, die erst später gesucht werden, zu merken. Bei dieser sehr turbulenten Spielvariation hat der Spielleiter nur eine beobachtende Rolle und bespricht die verschiedenen Motive erst nach dem Ende des Staffellaufs.

Mehrpersonen-Großraum-Memory

Material:
Ein Memoryspiel oder selbst gebastelte, laminierte Karten

Für dieses Spiel kann man entweder handelsübliche Memory-Karten oder selbst gebastelte, laminierte und paarweise mit den gerade aktuellen Lernwörtern versehene Karten verwenden. Die Karten werden zu Beginn des Spiels auf dem Boden verteilt, und zwar je nach dem Alter der mitspielenden Kinder offen oder verdeckt. Dann darf die ganze Gruppe gleichzeitig versuchen, die zusammengehörenden Kartenpaare zu finden – wie beim klassischen Memory-Spiel. Dabei gilt die Regel, dass die erste Karte eines Paares erst dann aufgehoben werden darf, wenn das Gegenstück bereits gefunden wurde.
Tipp: Bei dem „Gewusel“, das dadurch entsteht, dass alle Kinder gleichzeitig suchen, kann es dazu kommen, dass sich zwei Mitspieler mit zwei gleichen Karten gegenüberstehen. Das zu suchende Gegen-

stück liegt also in diesem Fall nicht mehr auf dem Boden, sondern wurde gerade von dem anderen Kind aufgehoben. In dieser Situation teilen sich diese beiden Kinder ein Kartenpaar. Nach Beendigung des Spiels benennt jedes Kind alleine oder mit Unterstützung die Motive, die es gefunden hat, in der Ein- und der Mehrzahl.

Variation:
Dieses Spiel lässt sich auch gut mit Karten durchführen, auf denen zusammengehörige Gegensätze jeweils ein Paar bilden.

Spiele zum Erlernen von Adjektiven

Wie-Wort-Geschichte im Stehkreis

Im Folgenden habe ich ein Beispiel für eine Wie-Wort-Geschichte eingefügt, bei der die im Kreis stehenden Kinder die darin vorkommenden Adjektive pantomimisch begleiten. Für diese Übung eignen sich natürlich alle Geschichten, in denen viele Adjektive vorkommen!

Der schlecht gelaunte König Grrr

Die Bewegungsgeschichte vom König Grrr wird von einem Spielleiter erzählt. Wichtige Inhalte – meistens Adjektive – werden von der ganzen Gruppe dargestellt.
„Es war einmal ein schlecht gelaunter König, der hieß König Grrr (die Finger beider Hände nach vorne spreizen). Dieser König hatte

drei (die Zahl drei mit den Fingern zeigen) Töchter. Eine sehr dicke hieß Prinzessin Booo (einen dicken Bauch andeuten), die zweite war sehr lang und hieß Prinzessin Ssst (die Hand vom Boden nach oben bewegen) und die dritte war wunderschön und wurde Prinzessin Mmmh (einen Handkuss machen) genannt.
Eines Tages kam ein gut aussehender (die Hand von vorne elegant über den Kopf bewegen) Prinz zum Schloss geritten. Er ritt schnell durch das erste Tor (mit den Händen auf die Oberschenkel patschen), noch schneller durch das zweite Tor (schneller patschen) und am schnellsten durch das dritte Tor (patschen, so schnell es geht). Dann stand er direkt vorm schlecht gelaunten König Grrr (die Finger beider Hände spreizen). Er fragte den schlecht gelaunten König Grrr

(Finger spreizen): „Darf ich die wunderschöne Prinzessin Mmmh (einen Handkuss machen) heiraten?" „Nein, das darfst du nicht! Du kannst die dicke Prinzessin Booo (einen dicken Bauch andeuten) heiraten, oder die lange Prinzessin Ssst (die Hand vom Boden in die Luft bewegen), aber die wunderschöne Prinzessin Mmmh (einen Handkuss andeuten), die bekommst du nicht!" Da setzte sich der Prinz traurig (schluchzen) auf sein Pferd und ritt schnell durch das erste Tor (mit den Händen auf die Oberschenkel patschen), schneller durch das zweite Tor (schneller patschen) und am schnellsten durch das dritte Tor (patschen, so schnell es geht). Auf seinem Schloss wartete er, bis es dunkle (die Hände vor die Augen halten) Nacht wurde."

Die folgende Passage spricht die Erzählerin bzw. der Erzähler leise: „Mitten in der Nacht setzte er sich wieder auf sein Pferd und ritt ganz leise durch das erste Tor (leise auf die Oberschenkel patschen), noch leiser durch das zweite Tor (leiser patschen) und am leisesten durch das dritte Tor (kaum hörbar patschen) und stand direkt vor dem Bett des schlecht gelaunten Königs Grrr (die Finger beider Hände spreizen), der fürchterlich schnarchte (Schnarchgeräusche machen). Von dort schlich er weiter durch das Schlafzimmer der dicken Prinzessin Booo (einen dicken Bauch andeuten und schnarchen) und durch das Schlafzimmer der langen Prinzessin Ssst (die Hand vom Boden nach oben bewegen), bis er endlich vor der wunderschönen Prinzessin Mmmh (einen Handkuss machen) stand. Dort fragte er die wunderschöne Prinzessin Mmmh (einen Handkuss machen): „Willst du mich heiraten?" „Ja", antwortete sie. Sie schlichen leise (mit den Händen auf den Oberschenkeln reiben) durch das Zimmer der langen Prinzessin Ssst (die Hand vom Boden nach oben bewegen), noch leiser durch das Schlafzimmer der dicken Prinzessin Booo (einen dicken Bauch andeuten) und am leisesten durch das Zimmer des schlecht gelaunten Königs Grrr (die Finger beider Hände spreizen)."

Nun spricht der Erzähler bzw. die Erzählerin ganz laut:
„Dann liefen sie so schnell sie konnten zum Pferd und ritten davon. Sie ritten ganz schnell durch das erste Tor (mit den Händen auf die Oberschenkel patschen), noch schneller durch das zweite Tor (schneller patschen) und superschnell durch das dritte Tor (patschen, so schnell es geht)."
Der Erzähler bzw. die Erzählerin spricht wieder leise:
„Und seitdem leben die beiden glücklich und zufrieden zusammen (sich selbst umarmen) auf dem Schloss des Prinzen."
(mündlich überliefert)

Wie-Wort-Geschichten

Diese Spielidee eignet sich für Menschen, die gerne Geschichten erzählen und für Kinder, die solche Geschichten gerne „weiterspinnen". Der Spielleiter beginnt eine Geschichte, in der möglichst viele Adjektive vorkommen und beschrieben werden.
Die Kinder gehen währenddessen im Raum herum und stellen alles an der Geschichte, was sie wollen und können, pantomimisch dar. An einer spannenden Stelle hört der Erzähler auf zu erzählen und bittet die Kinder, die Geschichte weiterzuführen. Falls nötig, übernimmt der Spielleiter an einer schwierigen Stelle wieder und führt die Geschichte zu Ende.

Tanzende Clowns

Material:
Pro Kind ein großer Zeitungsbogen, Musik

Zur Vorbereitung wird auf die obere Hälfte des Zeitungsbogens ein Clownsgesicht gemalt. Dann bewegen sich alle mit ihren „Zeitungsclowns" zur Musik frei durch den Raum. Wenn die Musik stoppt, gibt der Spielleiter Bewegungsformen für die Clowns vor, die alle

Kinder mit ihrer Zeitung umsetzen. Sie können z. B. hüpfen, rennen, seitwärts trippeln, Purzelbäume schlagen, in die Ecken laufen usw. Nachdem einige Bewegungsaufgaben ausprobiert worden sind, beginnen die Kinder, diese Bewegungsaufgaben in vollständigen Sätzen zu benennen.

Variation:
Kinder, die bereits einen guten Satzbau beherrschen, können auch gleich mehrere der Bewegungsaufgaben hintereinander beschreiben. Dabei läuft der Clown z. B. zuerst in die Ecke des Raums und hüpft dann auf einem Bein schnell wieder in die Mitte, wo er sich am Ende zufrieden hinsetzt usw.

Wie-Wörter im Bewegungsraum

Material: Musik

Alle Kinder bewegen sich zur Musik frei durch den Raum. Sobald die Musik stoppt, gibt der Spielleiter Aufgaben vor, die die Kinder schnell ausführen sollen. In allen diesen Aufgaben sind Adjektive versteckt, die nach der richtigen Ausführung mit den Kindern noch einmal besprochen werden.
Beispiel: „Kommt jetzt alle einmal *langsam* zu mir!" „Richtig, das ist langsam!" „Jetzt lauft *schnell* weg von mir!" „Streckt euch *hoch*, duckt euch *tief*!" „Macht euch *dick/dünn*!"

Variation:
Wenn die Kinder jetzt mit den Adjektiven Erfahrungen gesammelt haben, können sie später auch gut die Komparative und Superlative (also z. B. „näher", „am nächsten" usw.) spielerisch erleben.

Spiele zur Verbesserung des Satzbaus

Die beste Methode zum Erlernen und Verbessern des Satzbaus ist es, Kindern Zeit zur Kommunikation zu schenken. Durch Gespräche, Vorlesen, gemeinsames Singen oder Bildbetrachtungen werden Kinder angeregt zu sprechen, und sie haben Vorbilder, die ihnen interessante, lustige oder spannende Dinge grammatikalisch und syntaktisch richtig vorgeben. Die folgenden Spiele richten sich aufgrund ihrer Variationsmöglichkeiten sowohl an Kinder, welche die Satzstrukturen erst einmal spielerisch erlernen sollen, als auch an Kinder, die schon mit verschachtelten Sätzen experimentieren wollen.

Heute bin ich mal „Bewegungs-Chef"

Vor Spielbeginn wird ein „Chef" bestimmt, der kurz den Raum verlassen muss. Dann erhält ein anderer Mitspieler die Rolle der „Schlafmütze". Sobald der Chef den Raum wieder betritt, darf er der gesamten Gruppe (seinen „Angestellten") Bewegungsaufgaben stellen. So sagt er z. B. „Bitte gehen Sie zu einem Tisch und setzen Sie sich dort auf einen Stuhl!" Alle Kinder wiederholen den Satz („Wir gehen jetzt an einen Tisch und setzen uns auf einen Stuhl!") und führen dann den Arbeitsauftrag aus. Nur die Schlafmütze darf etwas anderes machen, und zwar möglichst so unauffällig, dass der Chef es nicht sieht. Sobald dieser aber die Schlafmütze bemerkt hat, wird ein neuer Chef bestimmt, der wiederum kurz den Raum verlässt, und das Spiel beginnt von vorne.

Bewegte Bilderbuchbetrachtung

Material:
Ein großformatiges Bilderbuch (sehr gut geeignet sind hierfür die Bücher von Ali Mitgutsch), mind. 15 nummerierte Teppichfliesen oder PC-Mousepads, evtl. mind. 15 nummerierte Blanko-Karten

Zur Spielvorbereitung werden zunächst die Teppichfliesen bzw. PC-Mousepads durchnummeriert und mit etwas Abstand zueinander sowie in der korrekten Reihenfolge hintereinander auf dem Boden ausgelegt. Dann positionieren sich etwa fünf bis sechs Kinder ebenfalls in einer Reihe hintereinander vor die Teppichfliese mit der Nummer 1. Das vorne stehende Kind betrachtet nun das aufgeschlagene Bilderbuch und beschreibt den anderen ein Detail aus dem Buch, das ihm besonders gut gefällt. Alle übrigen Kinder versuchen daraufhin, das angesprochene Detail zu finden. Wenn das geklappt hat, darf das „Erzählkind" so viele Teppichfliesen nach vorne springen, wie der von ihm genannte Satz Wörter bzw. gegebenenfalls Silben enthält. Dann wird das nächste Kind zum „Erzählkind" usw.

Variation:
Um den „Erzählkindern" möglichst verschachtelte Sätze zu „entlocken", kann man dieses Spiel auch mit einer Zusatzregel durchführen: Zunächst werden bei der Spielvorbereitung neben den Teppichfliesen auch noch mindestens 15 Blanko-Karten mit Zahlen ab 3 nummeriert. Beim Spiel selbst geht es dann darum, möglichst lange Sätze zu bilden und dementsprechend auf den Fliesen möglichst weit nach vorne zu kommen. Nachdem es an der Reihe war, bekommt jedes Kind nun eine Zahlenkarte mit derselben Zahl, wie die Nummer der Teppichfliese, auf der es gerade gelandet ist. Nach einem kompletten Durchgang wird dann derjenige Mitspieler ermittelt, welcher die Spielkarte mit der höchsten Zahl „ersprungen" hat.

Der „DER-DIE-DAS"-Würfel

Material:
Ein großer Motivwürfel bzw. ein Schaumstoffwürfel, sechs Papierblätter, Malutensilien, evtl. Kleber, viele verschiedene, kleine Alltagsgegenstände oder Spielsachen, drei Reifen oder Seilchen

Zunächst werden zur Vorbereitung sechs Bilder gemalt: Benötigt werden für das Spiel zwei Bilder mit einem Baum, zwei mit einer Sonne und zwei mit einem Haus. Falls die Kinder schon lesen können, werden alternativ zu den Bildern je zweimal die Artikel „Der", „Die" und „Das" auf die Blätter geschrieben. Dann werden die Bilder in den Motivwürfel gesteckt bzw. auf die sechs Seiten des Schaumstoffwürfels aufgeklebt. Als Nächstes werden die Alltagsgegenstände bzw. Spielsachen von den Kindern im ganzen Raum verteilt und die drei Reifen bzw. zu Kreisen geformten Seilchen in der Mitte des Raums nebeneinandergelegt.
Das Spiel beginnt in der Hallenmitte, indem ein Kind den präparierten Würfel hoch in die Luft wirft. Sobald er gut gelandet ist und alle besprochen haben, welcher Artikel gewürfelt wurde (also *der* Baum, *die* Sonne, *das* Haus), suchen die Kinder unter den zuvor ausgebreiteten Gegenständen bzw. Spielsachen nach solchen, die mit dem gleichen Artikel beginnen. Jedes Kind bringt dann einen dieser Gegenstände in die Mitte. Die gesamte Gruppe überlegt nun, ob alle gebrachten Gegenstände wirklich zu dem gerade gewürfelten Artikel gehören und legt die korrekt ausgesuchten Gegenstände in den „Der-", „Die-" oder „Das"-Reifen bzw. -Seilkreis. Daraufhin wird wieder gewürfelt usw. Wenn alle Gegenstände den drei Reifen bzw. Seilkreisen zugeordnet sind, beginnt die zweite Spielphase. Dafür schließen alle Kinder kurz die Augen, und die Spielleiterin oder ein ausgewähltes Kind legt einige Gegenstände in einen falschen Reifen bzw. Seilkreis. Sobald die Kinder ihre Augen wieder öffnen, sollen sie diese falsch platzierten Gegenstände schnell finden und wieder richtig zuordnen.

Tischspruch-Sammelsurium

Tischsprüche gibt es schon seit ewigen Zeiten, und oft sind sie nur mündlich überliefert. In den meisten Kindergärten werden sie nach wie vor dazu genutzt, um vor dem Mittagessen gemeinsam zur Ruhe zu kommen und dann gemeinschaftlich das Essen zu beginnen. In vielen Familien dagegen sind solche Tischsprüche leider schon in Vergessenheit geraten. Die folgenden Sprüche sind so peppig, dass Kindergartenkinder sie vielleicht ja auch mit nach Hause nehmen, um dort die schöne Tradition des gemeinsamen Essensbeginns wieder aufleben zu lassen. Ganz nebenbei fördern Tischsprüche Sprachrhythmus, Wortschatz und Grammatik und leiten eine kommunikationsfreundlichere Essensatmosphäre ein. An dieser Stelle möchte ich mich ganz herzlich bei den „Profi-Tischsprüchlern" Lina, Merit, Maxi, Julian und Leon aus der Städtischen Kindertagesstätte „Jacob-Weber-Straße" in Essen bedanken, die auf meine Anfrage nach Tischsprüchen ihr gesamtes Kindergarten-Repertoire von acht Sprüchen spontan zum Besten gaben.

Viele kleine Fische
Viele kleine Fische schwimmen jetzt zu Tische, reichen sich die Flossen, und dann wird beschlossen, nicht mehr viel zu blubbern, stattdessen wolln wir futtern, und alle rufen mit: „Guten Appetit!"

Zwei Elefanten

Zwei Elefanten, die sich gut kannten, hatten vergessen, zu Mittag zu essen. Da sagt der eine: „Was ich jetzt brauche, das ist (hier wird das jeweilige Essen von der Erzieherin oder einem Kind vorgestellt)!" Da sagt der andere: „Da esse ich gern mit, guten Appetit!"

Eine Hexe

Eine kleine Hexe wollte kochen, genau vor sieben Wochen. Sie kaufte Kraut und Schnecken, lasst es euch gut schmecken, ihr kleinen Schnecken!

Die Hexenbraut

Kennt ihr schon die Hexenbraut Pimpernelle Zwiebelhaut? Rückwärts steigt sie aus dem Bett, reibt sich ein mit Zwiebelfett. Kocht sich Seifenblasentee, futtert Scheuerlappengelee, Fröschebein und Tintenkleckse – ja, das mag die kleine Hexe! Guten Appetit!

Ein Krokodil

Ein Krokodil, das fraß und fraß viel zu viel. Es schlürfte und es schmatzte, bis es platzte (dabei laut klatschen)!

Eins, zwei, drei …

Eins, zwei, drei, vier, fünf, sechs, sieben, guten Appetit, ihr Lieben!

Die bimbambolische Küche

In der bimbambolischen Küche, geht es bimbambolisch zu, da tanzt der bimbambolische Ochse mit der bimbambolischen Kuh. Und die bimbambolische Mutter kocht den bimbambolischen Brei für die bimbambolischen Kinder mit Geschreiiii!! Bimbambolischen guten Appetit!

„Tuuut" macht das Auto

„Tuuut" macht das Auto, „schschsch" macht der Zug, heut schmeckt uns das Essen besonders gut!

Piep, piep, piep

Piep, piep, piep, wir haben uns alle lieb. Jeder ess soviel er kann, nur nicht seinen Nebenmann, und wir nehmen es ganz genau, auch nicht seine Nebenfrau! Hat er sie dann doch gegessen, Zähne putzen nicht vergessen! Piep, piep, piep, wir haben uns alle lieb. Haut rein!

Ein Flugzeug

Ein Flugzeug kommt geflogen, macht einen großen Bogen. Der Pilot ist versessen, er möchte Mittag essen. Guten Appetit!

Der Wal im Kakao

Schwimmt der Wal im Kakao, ist er braun und nicht mehr blau. Schwimmt er dann durchs Wasser, wird er immer blasser. Alle sprechen mit: „Guten Appetit!"

Im Karottenfeld

Mitten im Karottenfeld kam ein Hasenkind zur Welt. Als es die Karotten sah, meinte es: „Ich bleib gleich da!"

Der Tisch ist gedeckt

Der Tisch ist gedeckt, und dass es allen gut schmeckt, das wünschen wir sehr, esst die Teller schön leer!

Der Apfel

Apfel rot und Apfel rund, wer ihn isst, der bleibt gesund!

Kleckerei

Das Schweinchen schmatzt, die Ziege meckert, dass mir heut' ja keiner kleckert!

Wir reichen uns die Hände

Wir reichen uns die Hände, nach guter alter Sitt'. Wir wünschen uns zum Mittag „guten Appetit"!

Ich bin ich

Ich bin ich und du bist du, wenn ich rede, hörst du zu. Wenn du redest, bin ich still, weil ich dich verstehen will. So geht es gut bei Tische, guten Appetit!

Alle guten Gaben
Alle guten Gaben, alles, was wir haben, kommt, lieber Gott, von dir, wir danken dir dafür.

Die Vögel unterm Himmelszelt
Die Vögel unterm Himmelszelt und alle Tiere auf der Welt, die wissen nicht, woher es kommt und finden doch ihr Futter. Wir wissen aber ganz bestimmt, woher die Gaben gekommen sind. Wir sagen Gott von Herzen Dank für unser täglich Brot.

Wieder ist es Mittagszeit
Wieder ist es Mittagszeit und das Essen steht bereit. Was wir haben, kommt von dir, guter Gott, wir danken dir.

Für Spaghetti lang und schlank
Für Spaghetti, lang und schlank, sag ich meinem Schöpfer Dank. Ebenso für die famose, leckere Tomatensoße.

Wenn Sprache zum Träumen und Entspannen anregt

Die meisten Menschen lieben es, wenn sie sich in entspannte Situationen begeben können. Kinder gehen mit solchen Situationen jedoch ganz anders um als Erwachsene.
Sehr deutlich wird dies, wenn man beobachtet, wie sich Kinder und Erwachsene zu Beginn von Entspannungseinheiten verhalten. Während meiner Fortbildungen breiten Erwachsene in der Regel freudestrahlend ihre Decken aus und legen sich gemütlich abwartend darauf. Oft reicht ihnen eine ruhige Entspannungsmusik, um abzuschalten und den Moment zu genießen.
Kinder hingegen warten sitzend gespannt auf das, was nun kommt. Sie lieben Erzählungen, Massagegeschichten und ruhige Bewegung, um in die Welt der Entspannung einzutauchen. Erst nach und nach können sie sich auch auf Stillephasen einlassen und diese dann auch genießen.
Die folgenden Entspannungsspiele sind so gewählt, dass sie ohne großen Aufwand auch mit unerfahrenen Gruppen oder Klassen durchgeführt werden können. Bei den folgenden Geschichten haben die Kinder oft kleine Aufgaben zu erfüllen, die sie zu aufmerksamen Zuhörern machen.

Heut bin ich mal dein Wetter!

Für diese Massagegeschichte stellen sich die Kinder hintereinander im Kreis auf, und zwar so, dass sie mit ihren Händen gut den Rücken ihres Vordermanns erreichen können. Dann erzählt der Spielleiter folgende Geschichte, die von den Kindern mit den entsprechenden Übungen auf dem Rücken des Vordermanns begleitet wird:

„Euer Rücken verwandelt sich ganz plötzlich in eine schöne, saftig grüne Frühlingswiese (mit den flachen Händen über den Rücken streicheln). Um die ersten Krokusse in diesem Jahr (mit den Fingerspitzen vereinzelt auf den Rücken tippen) hüpfen ein paar fröhliche Hasen (mit vier Fingerspitzen hüpfende Hasen imitieren). Die Sonne scheint warm vom Himmel (eine große Sonne mit vielen Strahlen auf den Rücken malen).
Plötzlich taucht eine Frau mit Liegestuhl auf der Wiese auf und sucht sich einen schönen, sonnigen Platz (mit den Fingerspitzen eine gehende Frau spielen). Sie baut den Liegenstuhl auf und legt sich darauf (mit den flachen Fingern den Liegestuhl darstellen und einen Finger auf den Rücken legen). Ein paar Kinder kommen und spielen grölend auf der Wiese Fußball (der liegende Finger bleibt am Ort, mit den Fingern der anderen Hand flott über den Rücken tippen, dabei ggf. grölen). Die genervte Frau packt ihren Liegestuhl wieder zusammen und verlässt die Wiese (mit den flachen Fingern den Liegestuhl darstellen und dann mit den Fingerspitzen die weggehende Frau imitieren).
Als die Sonne untergeht (oberhalb des Pos eine halbe Sonne malen), laufen auch die Kinder wieder nach Hause (mit den Fingerspitzen die laufenden Kinder darstellen). Es fängt an zu regnen. Erst nur ein paar Tropfen, dann prasselt der Regen ohne Pause auf unsere Wiese (mit den Fingerspitzen erst langsam und dann immer schneller auf den gesamten Rücken tippen). Ein paar Hasen huschen schnell über

die Wiese, und ein Hundebesitzer mit seinem großen Regenschirm (einen Regenschirm auf den Rücken malen) eilt hektisch die Wege entlang (mit den Fingerspitzen den gehenden Hundebesitzer und den laufenden Hund nachahmen).
Zu allem Überfluss beginnt jetzt auch noch ein Herbststurm (mit dem ganzen Arm über den Rücken reiben), und es wird immer kälter auf unserer Wiese! Es wird so kalt, dass sich der Regen in Schnee verwandelt und ganz dicht auf den Boden rieselt, bis eine dicke Schneedecke entsteht (die Fingerspitzen streichen kurz über den Rücken, die Unterarme werden behutsam auf den Rücken gedrückt).
Die gleichen Kinder, die im Sommer Fußball gespielt haben, kommen jetzt im Winter mit ihren Schlitten zur Wiese, ziehen sie den Hang hinauf und sausen bis in das Tal hinunter (mit den Fingerspitzen seitlich am Rücken hinauftippeln und dann die Fingerkuppen neben der Wirbelsäule schnell wieder herunterziehen). Die Hasen hoppeln im Eiltempo über die Wiese (mit vier Fingerspitzen schnell hüpfende Hasen imitieren), um nur ja nicht überfahren zu werden! Da kommt ein Kind mit Skiern, läuft den Hang hinauf und wedelt profimäßig wieder hinunter (mit den Fingerkuppen von oben nach unten auf dem Rücken Schlangenlinien malen).
Nach und nach wird es langsam wieder wärmer, und die große Sonne (auf dem Rücken eine Sonne malen) lässt sich immer häufiger blicken. Die ersten Krokusse sind schon wieder zu sehen (mit den Fingerspitzen vereinzelt auf den Rücken tippen), und ein paar fröhliche Hasen hüpfen um sie herum (mit vier Fingerspitzen hüpfende Hasen imitieren)!“
(Antje Suhr)

Nachdem auf diese Weise alle Jahreszeiten auf den Rücken der Kinder dargestellt wurden, setzen sich alle auf den Boden und besprechen sowohl die Gefühle der Kinder bei der Massage als auch den Inhalt der Geschichte noch einmal.

Der kleine Igel Ino

Material:
Pro Kind eine Igelform aus Pappe, viele Wäscheklammern, Musik

Die Kinder setzen sich mit ihren Papp-Igeln im Kreis auf den Boden. In der Mitte des Kreises liegen die Wäscheklammern. Dann beginnt der Spielleiter zu erzählen:

„Der Igel Ino war ein wirklich einmaliger Igel, der nicht weit von uns im Wald lebte. Wahrscheinlich könnt ihr es euch gar nicht vorstellen, aber Ino hatte seit seiner Geburt keinen einzigen Igelstachel. Im Grunde war er aber sehr glücklich und zufrieden und hatte eine Menge Freunde. Im Igelkindergarten war er sehr beliebt, und wisst ihr, was er ausgesprochen gut konnte? Er tanzte für sein Leben gern! Immer, wenn er Musik hörte, wollte er sofort tanzen. Wenn ihr wollt, könnt ihr Ino mal tanzen lassen (es wird kurz Musik gespielt, und die Kinder bewegen sich mit ihren Igeln dazu)!

Als Ino nun aber in die Schule kam, da wurde er von den anderen Igeljungs sehr oft ausgelacht und geärgert, weil er so anders aussah als sie. Das machte ihn sehr traurig und er wünschte sich nichts mehr, als selbst Stacheln zu besitzen. Eines Nachts träumte er von einer Igelfee, die plötzlich neben ihm stand und ihm einen Wunsch erfüllen wollte. Ino überlegte nicht lange und wünschte sich … na, was wohl? Ja, Stacheln! Die Fee sagte ihm, dass er dann aber genauso aussehen würde wie alle anderen und seine Einzigartigkeit doch sehr wertvoll wäre. All das wollte der kleine Igel aber gar nicht hören. Als er am nächsten Morgen aufwachte, da hatte er viele, viele Stacheln an seinem Körper und war mächtig stolz. Wenn ihr wollt, dürft ihr eurem Ino jetzt auch viele Stacheln an den Körper stecken; ich habe Ersatz-Stacheln besorgt, die nicht pieksen (die Kinder klemmen zu einer ruhigen Musik die Wäscheklammern an ihre Igel).
Ino hatte jetzt also viele, viele Stacheln und tanzte vor Glück (ggf. Musik spielen lassen). Ganz begeistert stolzierte er vor seine Höhle, wo seine Waldfreunde ihn erst gar nicht erkannten. ‚Ino, bist du das?', fragte seine beste Waldfreundin. ‚Du bist ja gar nicht mehr so schön wie früher!' ‚Ich bin jetzt total cool', entgegnete er hochnäsig und lief schnurstracks in die Schule. Die anderen Schul-Igel akzeptierten ihn jetzt und er wurde schnell zu einem von ihnen. Auch er ärgerte nun andere, die etwas anders aussahen. Nachmittags, wenn er mit seinen Waldfreunden spielen wollte, merkte er oft, dass er in der Schule ein ganz anderer Igel geworden war. Seine besten Freunde, die immer zu ihm gehalten hatten, bekamen Angst vor ihm, weil er sich so verändert hatte. Und das gefiel ihm gar nicht.
In der folgenden Nacht träumte er wieder von der Fee und teilte ihr seine Sorgen mit. Er wolle lieber alle seine Stacheln wieder verlieren, um wieder so zu sein wie früher. So bat er die Fee, alles schnell wieder rückgängig zu machen. Die Fee aber sagte: ‚Du hattest nur einen Wunsch frei. Wenn du wieder so einzigartig wie früher sein möchtest, kleiner Igel, dann musst du selber etwas dafür tun.' Und

der kleine Igel Ino fing an zu tanzen. Er tanzte so wild, dass er nach und nach alle seine Stacheln verlor (die Kinder bewegen sich mit ihren Igeln zu einer fetzigen Musik). Müde, aber total glücklich marschierte er zu seinen Waldfreunden, die sofort merkten, dass Ino wieder so sein wollte wie früher. In der Schule wurde er von diesem Tag an nur noch ganz selten geärgert, und wenn das geschah, merkte er es kaum, weil er so stolz auf sein einzigartiges Aussehen war, dass ihn Neckereien nicht traurig machten."
(Diese Geschichte stammt von meinem Sohn Robin, 9 Jahre)

Lebendige Lege-Geschichte

Die Idee zu diesem Spiel ist während einer Fortbildung entstanden. In dieser Fortbildung klagten die Erzieherinnen darüber, dass die Kinder oft bei vorgelesenen oder ausgedachten Geschichten den Inhalt nicht verstünden. Als wir nach den Ursachen für diese Situation suchten, wurde uns deutlich, dass vor allem sprachauffällige Kinder keine konkreten Bilder der in einer Geschichte beschriebenen Gegenstände vor Augen haben. Wir überlegten, wie wir dieses Problem lösen könnten und kamen in Anlehnung an die Kett-Methode auf die Idee, Geschichten zu lebendigen Lege-Geschichten zu erweitern.

Zur Vorbereitung einer solchen lebendigen Lege-Geschichte werden zunächst Gegenstände gesammelt, die zum Inhalt der Geschichte passen bzw. diesem entsprechen. Sehr gut eignen sich hierfür kleine Menschen und Tiere aus Plastik oder Holz, Kaufladen-Utensilien, Naturmaterial, Bauklötze und all das, was in Kinderzimmern in einer „Wühlkiste" so zu finden ist. Dann werden alle für die Geschichte brauchbaren Materialien in einen Korb (noch spannender ist eine Geschichten-Schatzkiste) gelegt und beim Vorlesen oder Erzählen nach und nach nebeneinander auf dem Boden der Vorleseecke ausgelegt. Wenn solche lebendigen Lege-Geschichten in der Einrichtung neu eingeführt werden, dann sollten die Erzieherinnen bzw. Lehrerinnen diese Aufgabe übernehmen. Sobald die Kinder an diese Methode gewöhnt sind, können sie das Auslegen auch selbst durchführen. Nach dem Erzählen oder Vorlesen einer solchen Lege-Geschichte können die Kinder dann mithilfe der ausgelegten Materialien den Inhalt der Geschichte noch einmal zusammenfassen. Wer langfristig nach dieser Methode arbeiten möchte, kann sich zu den Lieblingsbüchern der Gruppe oder Klasse gleich spezielle Materialkisten zusammenstellen, die dann jederzeit und ohne große Vorbereitung durch die Pädagogen oder die Kinder genutzt werden können.

Variation:
Jedes Kind bekommt zu Beginn der Geschichte einen passenden Gegenstand, den es beim Vorlesen bzw. Erzählen im richtigen Moment in die Materialreihe legen darf. Man kann das Material aber auch im ganzen Raum verteilen, die Kinder gehen dann während des Vorlesens bzw. Erzählens umher und bringen die beschriebenen Gegenstände in die Mitte. Dort werden sie in die Materialreihe gelegt (ähnlich wie beim Spiel „Ratz Fatz – bewegt" im Kapitel „Wir gehen auf Wortschatzsuche!", Seite 90f.). Eine weitere Variante ist es, wenn die Kinder aus dem vorgegebenen Material selbstständig eine eigene Geschichte entwickeln, und unter Umständen kann man die benötigten Gegenstände auch aus Alltagsmaterialien (z. B. Zeitungen, Papprollen, Joghurtbecher, Wäscheklammern, kleine Plastikbälle usw.) selbst herstellen.
Alle genannten Ideen lassen sich ohne Weiteres auch im Fremdsprachenunterricht einsetzen. Die Methode der lebendigen Lege-Geschichte lässt sich zudem gut zum Erlernen eines Liedes oder Gedichts verwenden. Neben der Legemethode kann ein solcher Lied- bzw. Gedichttext natürlich auch gemalt werden.

Bewegtes Geschichten-Mandala

Zunächst wird die Mandala-Grundform vorbereitet. In der Mitte wird das größere Dekorationsstück platziert. Von dort ausgehend, werden dann, entsprechend der Anzahl der teilnehmenden Kinder, die farbigen Stoffbahnen – wie Sonnenstrahlen – ausgelegt. Vom Mittelpunkt aus gesehen, steht am Ende jeder Stoffbahn jeweils ein Körbchen mit Materialien, die zu der vorgelesenen Geschichte passen.

Dann sucht sich jedes Kind einen Platz hinter einem der Körbchen, und zu einer ruhigen Musik wird die Geschichte erzählt. Wenn ein Gegenstand genannt wird, der sich in den Körbchen der Kinder befindet, dann dürfen sie aufstehen und diesen Gegenstand in der Nähe des großen Dekorationsstücks langsam auf ihre Stoffbahn legen. Alle weiteren Gegenstände, die in der Geschichte vorkommen, werden in einem gewissen Abstand zum jeweils vorhergehenden ebenfalls auf die Stoffbahn gelegt, sodass zum Abschluss ein großes Mandala entstanden ist.

Material:
Eine Vorlesegeschichte, pro Kind ein kleines Körbchen (oder eine Serviette) mit jeweils gleichen Materialien, pro Kind eine farbige Stoffbahn (ca. 20 x 130 cm), ein größeres, zur Geschichte passendes Dekorationsstück (z. B. Tannenbaum, Ostergesteck, ruhige Musik

Variation:

Für ältere Kinder eignen sich auch ruhige Lieder, deren Inhalt ebenfalls als bewegtes Mandala dargestellt werden kann. Eine sehr sinnliche Atmosphäre kann man schaffen, indem man dabei brennende Kerzen in das Mandala stellt.

Da sich diese Idee sehr schön in eine besinnliche Adventsfeier integrieren lässt, soll an dieser Stelle beispielhaft die praxiserprobte Geschichte „Die weihnachtliche Abenteuerreise des kleinen Tannenbaums“ vorgestellt werden. Die Gegenstände, welche die Kinder dabei auf die Stoffbahnen legen, sind kursiv hervorgehoben:

Die weihnachtliche Abenteuerreise des kleinen Tannenbaums

„Es war kurz vor Weihnachten. Wie in jedem Jahr fieberten alle Tannenbäume darauf, als Weihnachtsbaum ein Wohnzimmer in der nahe gelegenen Stadt zu schmücken. Als es endlich so weit war, und die Familien mit Äxten und Sägen in den Wald kamen, reckte und streckte jeder Tannenbaum seine *Tannenzweige* so gut es eben ging, um möglichst schön auszusehen. Auch der kleinste Tannenbaum unter ihnen strengte sich mächtig an, obwohl ihm die halbstarken Tannen schon lächelnd angedeutet hatten, dass er sowieso nicht an der Reihe wäre, da er viel zu klein wäre. Dabei wollte er so gerne wissen, wie es ist, als Weihnachtsbaum in einem Wohnzimmer zu stehen. Er hatte so oft schon die älteren Tannenbäume dazu befragt, aber die konnten ihm keine Antwort auf seine Fragen geben, da noch nie ein richtiger Weihnachtsbaum in den Wald zurückgekommen war.

Er traute seinen Augen nicht, als plötzlich drei Kinder zu ihm kamen und ihren Eltern freudestrahlend sagten, dass sie genau ihn als Weihnachtsbaum haben wollten. Der kleine Tannenbaum strahlte nun ebenfalls vor Freude. Als der Vater begann, ihn auszugraben, wurde er wütend. Er wollte doch unbedingt auch mit einer Axt geschlagen werden, so wie all seine größeren Freunde. Warum wurde er ausgegraben? Etwas enttäuscht, aber trotzdem neugierig, ließ sich der kleine Tannenbaum in das warme Wohnzimmer tragen, wo es herrlich nach saftigen *Mandarinen* roch. Er fühlte sich sofort sehr wohl und wurde mit seinen Wurzeln in einen goldenen Tontopf gepflanzt. Die Kinder jubelten, als der kleine Tannenbaum, eingepflanzt, endlich seinen endgültigen Platz im Wohnzimmer erhielt. Sie setzten sich um den Baum herum und knackten dunkelbraune, große *Walnüsse*.

Wie ihr euch bestimmt vorstellen könnt, war der kleine Tannenbaum mächtig stolz darauf, jetzt als echter Weihnachtsbaum in einem Wohnzimmer zu stehen. Nachts, wenn es richtig dunkel war, beobachtete er die hellgelb funkelnden *Sterne* am Himmel und wünschte sich nichts mehr, als seinen Tannenbaumfreunden, die er im Wald zurückgelassen hatte, von seiner weihnachtlichen Abenteuerreise zu erzählen.
Schon am nächsten Tag war Weihnachten. Die drei Kinder schmückten den kleinen Weihnachtsbaum von oben bis unten mit wunderschönem, selbst gebasteltem Weihnachtsschmuck. Sie waren so aufgeregt, und die Zeit, bis sie endlich den Weihnachtsabend feiern und ihre *Weihnachtsgeschenke* sehen konnten, wollte nicht vergehen. Am Nachmittag machte die ganze Familie einen langen Weihnachtsspaziergang und ging in die Kirche. Und nur der kleine Weihnachtsbaum wusste, wie die tollen Geschenke für alle aus der Familie unter seine Tannenzweige gelangt waren.
Sein ganz persönliches Weihnachtsgeschenk erhielt der kleine Weihnachtsbaum ein paar Tage nach dem eigentlichen Weihnachtsfest. Er wurde von der ganzen Familie wieder zurück in seinen Wald gebracht und an seiner Lieblingsstelle, bei seinen Freunden, wieder eingepflanzt.
Die drei Kinder zündeten eine *Kerze* an und versprachen dem kleinen Weihnachtsbaum, ihn im nächsten Jahr wieder zu holen. Er war der erste Tannenbaum der Welt, der nach seiner abenteuerlichen Weihnachtsreise wieder zurück zu seinen Freunden gekommen war. Und wisst ihr, was alle anderen Tannenbäume des Waldes daraus gelernt haben? Manchmal sind die Kleinsten eben doch die Größten!“
(Mit ganz herzlichem Dank an Michaela Stahl, Jasmin Schröter und Nicole Wicht, Erzieherinnen in der Städtischen Kindertagesstätte „Jacob-Weber-Straße“ in Essen für ihre fantastischen Ideen!)

Die Tiere im Zoo sind jetzt müde

Material: Ein großes Schwungtuch

Das folgende Bewegungslied soll den Abschluss dieses Kapitels und damit des Buches bilden. Es begleitet mich seit 20 Jahren und begeistert alle Kinder, die gerne Tiere spielen. Es lässt sich gut am Ende einer bewegten Stunde zum Thema „Tiere im Zoo“ einsetzen, in der alle Kinder in Tiere verwandelt werden und auf diese Weise verschiedene Spiel-, Kletter-, Balancier- und Sprungstationen kennenlernen. Das Schwungtuch, das bei diesem Bewegungslied Verwendung findet, sollte unbedingt im Verlauf der Stunde schon zum Einsatz gekommen sein, weil die Kinder dann ihren Spieltrieb damit schon gestillt haben.

Die Tiere im Zoo

Text und Musik: Antje Suhr

2. Der Affe klettert in sein Bett und macht die Augen zu, nach dieser Kletterei schläft er in tiefer Ruh.
3. Der Maulwurf buddelt sich 'ne Höhle und legt sich hinein, dort schläft er bis zum Frühjahr ganz allein.
4. Das Känguru ist heute gesprungen in voller Pracht, deshalb sagt es dir jetzt gleich „Gute Nacht!".
5. So, jetzt schlaft ihr alle, doch ich muss euch wieder wecken, ihr könnt euch schon mal unter der Decke recken.

Refrain: Die Tiere im Zoo stehen jetzt auf, sie verwandeln sich zu Kindern, ich freu mich drauf! (Dieser Refrain kommt nur an dieser Stelle vor.)

6. Na, ihr Kinder, seid ihr wach? Das Lied ist leider aus, und alle Kinder laufen jetzt nach Haus.

Jedes Kind sucht sich zuvor eines der im Lied besungenen Tiere aus und bewegt sich möglichst „tierähnlich" um das in der Mitte des Raumes liegende Schwungtuch (die „Tierschlafdecke"). Sobald im Lied eines der Tiere genannt wird, krabbeln alle Kinder, die dieses Tier spielen, unter die Tierschlafdecke und suchen sich dort einen Schlafplatz. Am Ende des Liedes werden alle Tiere in Kinder zurückverwandelt. Dabei sollte man möglichst noch einmal kontrollieren, ob auch wirklich alle zurückverwandelt worden sind, damit keine Kinder noch tagelang zu Hause als Elefanten, Affen oder Kängurus herumspringen – soll alles schon vorgekommen sein!

Literatur- und Musiktipps

Literatur

Adams, Iris; Struck, Veronika; Tillmanns-Karus, Monika: „Kunterbunt rund um den Mund", Verlag modernes Lernen, Dortmund 1996.

Beigel, Dorothea: Beweg dich, Schule! Borgmann, Dortmund 2005.

Biermann, Ingrid: Spielend sprechen lernen, Velber, Freiburg 2005.

Bös, Klaus: Motorische Leistungsfähigkeit von Kindern. Was wissen wir wirklich, was sollen wir tun?, in: Bewegungsmangel bei Kindern: Fakt oder Fiktion?, Kongress Köln 2003.

Dordel, H.-J.: Verfahren zur Bestimmung der motorischen Leistungsfähigkeit von Kindern, in: Haag, Herbert (Hrsg.): Sport. Planen, durchführen, auswerten, Hofmann, Schorndorf 1997, S. 263.

Dümler, Reinhard; Jäcklein, Margit: „Ich sag doch Lollmops" Kindern mit Aussprachestörungen helfen, Kösel, München 2005.

Fried, Lilian, in: Sprache, Stimme, Gehör, 2006.

Gopnik, Alison; Kuhl, Patricia; Meltzoff, Andrew: Forschergeist in Windeln, Piper, München 2005.

Kurz, Dieter: Consensus-Erklärung der 3. Konferenz des Club of Colone, Bielefeld 2003.

Küspert, Petra: Phonologische Bewusstheit und Schriftspracherwerb. Zu den Effekten vorschulischer Förderung der phonologischen Bewusstheit auf den Erwerb des Lesens und Rechtschreibens, Frankfurt/M. 1998.

Laier, Roland: Die Möglichkeiten der frühen Prävention von Lese- und Rechtschreibproblemen durch die Förderung der phonologischen Bewussheit (Internetseite: www.phonologische-bewusstheit.de), 2008.

Monschein, Maria: Die 50 besten Spiele zur Sprachförderung, Don Bosco, München 2007.

Nienkerke-Springer, Anke; Beudels, Wolfgang: Komm, wir spielen Sprache, Borgmann, Dortmund 2001.

Olowson, Anke: Montessori und Sprache. Grammatik zum „Begreifen", Verlag modernes Lernen, Dortmund 1997.

Schneider, Wolfgang; Näslund, J.C.: The Impact of Early Metalinguistic Competencies and Memory Capacities on Reading and Spelling in Elementary School: Results of the Munich Longitudinal Study on the Genesis of Individual Competencies (LOGIC), in: European Journal of Psychology of Education, Bd. 8, 1993, S. 273–288.

Schneider, Wolfgang; Roth, Ellen; Küspert, Petra: Frühe Prävention von Lese- und Rechtschreibproblemen. Das Würzburger Trainingsprogramm zur Förderung sprachlicher Bewusstheit bei Kindergartenkindern, in: Kindheit und Entwicklung, Bd. 8, H. 3, 1999, S. 147–152.

Schönrade, Silke: Die Abenteuer der kleinen Hexe im Buchstabenland, Borgmann, Dortmund 2005.

Seitz, Marielle: Vom Formenzeichnen zum Schreibenlernen, Don Bosco, München 2004.

Struck, Veronika; Mols, Doris: Atem-Spiele, Verlag modernes Lernen, Dortmund 1998.

Suhr, Antje: Zahlen hüpfen – Buchstaben springen. Bewegungsspiele zur ganzheitlichen Schulvorbereitung, Don Bosco, 4. Aufl., München 2008.

Szagun, Gisela: Das Wunder des Spracherwerbs, Beltz, Weinheim 2007.

Tenta, Heike: Literacy in der Kita, Don Bosco, München 2007.

Tracy, Rosemarie: Wie Kinder Sprachen lernen und wie wir sie dabei unterstützen können, Franke, Tübingen 2007.

Wendlandt, Wolfgang: Sprachstörungen im Kindesalter, Thieme, 6. Aufl., Stuttgart 2010.

Zimmer, Renate: Sprache und Bewegung, in: Kindergarten heute, H. 6/1992.

Zimmer, Renate: Sprachförderung braucht Bewegung, in: Kindergarten heute, 2008, S. 8–12.

Musik

Hering, Wolfgang; Meyerholz, Bernd: Trio Kunterbunt-Hits, Kontakte Musikverlag, Lippstadt 2008.

Horn, Reinhard; Grüger, Constanze: Turnzwerge ganz groß, Kontakte Musikverlag, Lippstadt 2008.

Janetzko, Stephen: Seeräuber Wackelzahn, Seebär Musikverlag, 2006.

Meier, Helmut: Berti, der Detektiv, Verlag Gefühl & Stärke, Duisburg 2003.

Metcalf, Robert: Ich und du – Schubidu, Nubel Musikverlag, Berlin 2002.

Radau! Am liebsten laut. Rockmusik für Kinder, Oettinger, Hamburg 2003.

Vielen herzlichen Dank ...

… meinem Mann, der mich in meinem bewegten Leben immer liebevoll und zuversichtlich unterstützt;
… meinen Söhnen Robin, Jannick und Leon, die oft die Ideen und Geschichten testen und begutachten (Zitat Leon, 4 Jahre: „Diese Geschichte find ich nur gut, wenn ich jetzt ein Bonbon kriege!“);
… meiner Mutter, weil sie neben den oben Genannten das Beste ist, was ich habe!
… allen meinen Freundinnen, die sich manchmal etwas um mich sorgen, wenn ich zu viel bewegen will;
… meinen DLRG-Strandfestkollegen, mit denen ich so viel erlebt, gelacht und gelernt habe – allen voran Antje, die viel zu früh gehen musste;
… meinen tollen Foto-Kids Amelie, Jule Iara, Leon, Tobi, Merit, Lina, Flo, Simon, Jonas, Jannick, Hanna, Ann-Christin, Basti und Elisa, die enorm viel Spaß und Ausdauer bei der Foto-Session hatten;
… Roger Kautz, dem mobilen und kinderfreundlichsten Fotografen (www.foto-kautz.de), der mal wieder alles perfekt fotografiert hat;
…meiner gigantischen Basketballmannschaft, die mich immer so erfrischend ablenkt, wenn ich den Kopf voll habe, und die außerdem ständig aufsteigt;
… der DLRG Wismar (Dana Gromoll) für die Vermittlung des Fachwissens zum Spiel „Nebelhornalarm in Rostock“;
… meiner ehemaligen Sportlehrerin Cläre Hick, meiner ehemaligen Klassenlehrerin Ulrike Thiede und meiner ehemaligen Sporthochschuldozentin Bärbel Schöttler, die mich enorm in meiner Persönlichkeitsentwicklung unterstützt haben;
… all den vielen Pädagogen, die meine Fortbildungen so kreativ bereichern – ganz besonders Michaela Stahl, Nicole Wicht, Jasmin Schröter, Dagmar Eile-Goldberg und Serap Arslan, die meinen Jungs

eine unvergessliche und bewegte Kindergartenzeit ermöglicht haben;
… meiner tollen fachlichen Unterstützung aus den Bereichen Psychomotorik (Dr. Renate Lohmann), Sprachtherapie (Dipl.-Päd. Katja Preuß), Sprachwissenschaft (Dr. Lilian Fried, Vera Korb-Ciesla und Dr. Renate Lohmann), Medizin (Dr. Thomas Wollersheim) und Erste Hilfe (Ruth Kutscher);
… last, but not least dem Don Bosco Verlag sowie dem Lektorat Unger-Kunz für die gute Zusammenarbeit.

Verzeichnis der Spiele und Geschichten